OKiDOKi
DIE LERNHILFE

Aufsätze schreiben
6. Schuljahr

Peter Delp
Harald Stöveken

Schroedel

OKiDOKi
Die Lernhilfe

Aufsätze schreiben
6. Schuljahr

Peter Delp
Harald Stöveken

Bibliografische Information Der Deutschen Bibliothek
Die Deutsche Bibliothek verzeichnet diese Publikation in der Deutschen Nationalbibliografie; detaillierte bibliografische Daten sind im Internet über http://dnb.ddb.de abrufbar.

ISBN 3-507-22212-4

Lektorat: Andrea Schulz, Hannover
Layout: Janssen Kahlert Design & Kommunikation, Hannover
Illustrationen: Dietmar Griese, Laatzen
Satz und Lithos: KCS GmbH, Buchholz/Hamburg
Druck und Bindung: Westermann Braunschweig

INHALT

OKiDOKi stellt sich vor

OKiDOKi hilft mit einer Fülle von Übungen, Sicherheit im Schreiben von Texten und Aufsätzen zu gewinnen. Kurze, klar strukturierte Lerneinheiten motivieren und führen Schritt für Schritt zum Lernerfolg.
Die Autoren Peter Delp und Harald Stöveken arbeiten seit vielen Jahren in verschiedenen Schulformen als Lehrer und in der Lehrerausbildung und sie besitzen Erfahrung als Schulbuchautoren.

An wen richtet sich OKiDOKi?
An alle,
- die durch selbstständiges Arbeiten ihre Schulnoten verbessern wollen,
- die bereits vorhandenes Wissen auffrischen und wiederholen möchten,
- die Spaß daran haben, Neues zu lernen.

OKiDOKi, die Lernhilfe, mit der es klappt!
OKiDOKi ist die Lernhilfe mit der praktischen Lösungsklappe.
Sie ermöglicht selbstständiges Arbeiten, erspart mühsames Suchen nach den Lösungen und sorgt dafür, dass sich Fehler erst gar nicht festsetzen.
So funktioniert es:
Während des Übens werden die Lösungen auf der linken Seite mit der Klappe abgedeckt. Anschließend wird der Umschlag einfach wieder zurückgeklappt und die Ergebnisse können verglichen werden. Schnell und bequem.

Die folgenden Elemente begleiten dich beim Lernen und sorgen für Überblick:

TIPP:

Im Tipp findest du Regeln und Merksätze verständlich formuliert. Der Tipp gibt dir außerdem Hilfestellungen zum Lösen der Aufgaben

ÜBUNGS-TIPP:

Der Übungs-Tipp erklärt dir, wie du leichter lernen kannst. Er erläutert dir z. B., wie du dir eine angenehme Lernumgebung schaffst und deinen Arbeitsplatz am besten gestaltest.

Das hast du gelernt:

Am Ende eines Kapitels wird in einer Zusammenfassung das Wesentliche noch einmal festgehalten. Das hilft dir dabei, das Wichtigste noch einmal zu wiederholen.

ÜBEN & PRÜFEN

Schließlich kannst du zum Abschluss eines Kapitels dein erlerntes und geübtes Wissen selbst überprüfen.

Aufgaben mit diesem Zeichen musst du in einem Heft oder auf einem Extrablatt lösen.

So, und nun an die Arbeit. Viel Erfolg!
Übrigens: OKiDOKi freut sich über Post.
OKiDOKi, VSB Verlagsservice Braunschweig, Postfach 4738,
38037 Braunschweig. E-Mail: okidoki@schroedel.de
Du kannst OKiDOKi auch im Internet besuchen: www.okidoki.de

ERZÄHLEN – EINEN ERZÄHLANFANG FORTSETZEN

KAPITEL 1

EINEN ERZÄHLPLAN ENTWICKELN

Gestern Nachmittag stand Juliane am Ufer des Rheins, in der Nähe des Kais, wo die Ausflugsschiffe an- und ablegen. Ein großes weißes Schiff für die 7 Tage dauernde Reise rheinabwärts hatte gerade angelegt. Juliane sah im Geiste, wie sie auf dem Oberdeck liegend von weiß gekleideten Stewards mit einem kühlen Getränk bedient wurde. Starkes Hupen weckte sie aus ihrem Tagtraum. Neben ihr hielt ein großes Auto, aus dem ein hoch gewachsener Mann stieg, der einer blonden Frau die Hand reichte. Das helle Blond ihrer Haare funkelte in der gleißenden Sonne. Juliane beobachtete das auffallende Paar, wie es langsam zum Kai schritt. Hinter ihnen kamen weitere Passagiere. Juliane beobachtete weiterhin das Paar, als sie sah, wie ein kleinerer Mann sich in einem kurzen Gewühl an die blonde Frau drängte. Irgendetwas blitzte in seiner Hand. Juliane erstarrte, sah, wie sich vom Arm der Blonden die Handtasche löste, die der Mann unter seinem Anzug sofort verschwinden ließ. Er drehte sich blitzschnell um und schlenderte zurück, als ob er vielleicht etwas vergessen hätte. Ein Zittern überfiel Juliane. Was sollte sie tun?

1. *Lies dir noch einmal den Erzählanfang durch. Welche wichtigen Informationen bekommst du über*

a) die Personen, die mitspielen?

Lösungen zu S. 6:

1. a) Juliane, träumt von der Schiffsreise; ein auffallendes Paar, ein hoch gewachsener Mann, eine blonde Frau; ein kleinerer Mann, der Dieb; weitere Passagiere des Schiffes

Lösungen zu S. 7:

b) am Ufer des Rheins, dort, wo Schiffe anlegen, gestern Nachmittag
c) Das Besondere der Ausgangssituation ist, dass Juliane den Raub der Handtasche der Dame beobachtet und sich entscheiden muss, was sie tun soll.

2. Mögliche Stichwörter: Juliane ruft laut, Dieb läuft weg, das Paar, der Mann hinter dem Dieb her, andere Passagiere halten den Dieb auf, Polizei kommt, Juliane erhält von dem Paar eine Belohnung
3. Juliane muss in kurzer Zeit entscheiden, was sie tun will, um den Dieb aufzuhalten.

b) den Ort und die Zeit?

c) das Besondere der Ausgangssituation?

2. Überlege dir, wie die Geschichte weitergehen und was in dieser besonderen Situation alles passieren könnte. Notiere dir deine Überlegungen in Stichwörtern.

3. Welches schwierige Problem muss Juliane lösen?

TIPP:

Wenn du einen Erzählanfang fortsetzen willst, musst du zuerst genau den Beginn der Geschichte durchlesen, um die Personen, die Situation und die sich entwickelnde Handlung zu erfassen.
Erst dann kannst du auf der Grundlage dieser Vorgaben deine Fortsetzung entwickeln.

4. *Du hast bereits überlegt, wie die Geschichte weitergehen könnte. Entwirf aus deinen Überlegungen einen Erzählplan, der dir eine Übersicht über den Handlungsablauf gibt, und ergänze die Lücken.*

1. Juliane rief: „

2. Der Dieb

3. Das Paar

4. Die anderen Passagiere

5. Juliane

ÜBUNGS-TIPP:

Einen Erzählplan kann man auch stichwortartig auf kleine Karteikarten schreiben oder als Cluster darstellen.

5. *Schreibe nun den Text von Juliane zu Ende.*

Lösungen zu S. 8:

4. Lösung siehe S. 89

Lösungen zu S. 9:

1. Willem-Jan (Rabautzer), seine Schwester Marie-José, seine Mutter Neeltja-Maria, sein Vater

TIPP:

Ein Erzählanfang kann auf verschiedene Weise fortgesetzt werden. Es sind immer mehrere Lösungen für einen sinnvollen Schluss möglich. Wichtig ist,

- *dass zwischen dem vorgegebenen Anfang und deiner Fortführung kein Widerspruch besteht,*
- *dass du die Handlungen der verschiedenen Personen begründest,*
- *dass der Bezug zu der Ausgangssituation immer deutlich bleibt.*

Entwickle dazu einen stichwortartigen Erzählplan, der die einzelnen Handlungsschritte, in denen sich deine Geschichte entwickeln soll, enthält. Die Handlungsschritte müssen aufeinander aufbauen und eine logisch sinnvolle, zeitlich richtige Reihenfolge haben.

Rabautzer

„Willem-Jan, kommst du essen?“, ruft seine Mutter. Wen mag sie nur meinen? Rabautzer heißt nicht Willem-Jan und schreibt weiter. (...)

Seine Zimmertür geht auf. Marie-José ist nach oben geschickt worden, um ihren Bruder zu holen. (...)

Er hört auf zu schreiben, steht auf und folgt seiner Schwester die Treppe hinunter.

„Setz dich, Willem-Jan“, sagt seine Mutter.

Rabautzer schaut sich kurz um und fragt: „Mit wem sprichst du eigentlich?“

„Mit dir“, antwortet sie.

„Aber du sagst immer: Willem-Jan!“

„So heißt du doch!“

„Nein, ich heiße Rabautzer!“

„Sei nicht so albern und iss!“

„Ich heiße Rabautzer!“

„Führ dich doch nicht auf wie ein Verrückter, Junge“, mischt sich seine Schwester ein.

„Halt du dich da raus, Maria-José. Ich werde ganz allein damit fertig“, sagt die Mutter. „Willem-Jan, jetzt ist Schluss mit dem Unsinn. Ich will nichts mehr davon hören!“ (...)

„Neeltja-Maria, setz dich doch und reg dich nicht so auf“, versucht der Vater seine Frau zu beruhigen. „Es ist mir ganz egal, wie Willem-Jan sich nennt. Und wenn er Pumuckl heißen will“, brummt er, während er seine Suppe löffelt.

Die Mutter schlägt auf den Tisch. Sie ist jetzt fuchsteufelswild. „Ich bin damit nicht einverstanden!“

(...) „Rabautzer ist eine Erfindung von jemand, der nicht ganz bei Trost ist! Und jetzt Schluss mit der Diskussion.“

1. *In diesem kurzen Auszug aus einem Jugendbuch werden vier Personen vorgestellt. Welche?*

Lösungen zu S. 10:

2. Rabautzer, seine Mutter
3. Willem-Jan: frech, fantasievoll, beharrlich, ruhig
   Mutter: streng, bestimmend, autoritär, aufgeregt, fuchsteufelswild
4. Willem-Jan wird wahrscheinlich weiter darauf bestehen, Rabautzer genannt zu werden.
5. Die Mutter wird wahrscheinlich weiter darauf bestehen, ihn bei seinem Namen zu rufen.
6. Es macht ihm Spaß, einen anderen Namen auszuprobieren. Er will seine Familie ärgern. Ihm gefällt Willem-Jan nicht mehr. Es ist eine Wette mit jemandem.

Lösungen zu S. 11:

7. Willem-Jan hört damit auf. Die Mutter akzeptiert seine Namensänderung für die Zeit des Mittagessens. Beide bleiben bei ihrer Meinung und der Streit geht weiter.

2. *Über welche Figuren bekommst du genauere Informationen?*

3. *Welche Eigenschaften haben Mutter und Sohn? Notiere sie mit passenden Adjektiven.*

4. *Wie wird Willem-Jan, dessen Name nun Rabautzer ist, sich vermutlich weiter verhalten?*

5. *Wie wird die Mutter sich wahrscheinlich verhalten?*

6. *Notiere einige mögliche Gründe, warum Willem-Jan plötzlich seinen Namen wechseln will.*

7. Der Konflikt zwischen Willem-Jan und seiner Mutter kann auf unterschiedliche Weise ausgehen. Notiere verschiedene Möglichkeiten.

8. Führe das Gespräch am Mittagstisch

a) zu einem guten Ende.

b) zu einem Krach und noch größerem Konflikt.

9. Schreibe ein Gespräch auf, bei dem Willem-Jan gegenüber seiner Klassenlehrerin/seinem Klassenlehrer darauf besteht, Rabautzer genannt zu werden. Überlege vorher, wie die Lehrerin/der Lehrer auf Rabautzers Idee reagieren wird. Denke daran, dass du in den Begleitsätzen zur wörtlichen Rede verschiedene Verben des Wortfeldes „sagen“ benutzt.

TIPP:

Kommen in dem Erzählanfang schon eine oder mehrere Personen vor, so musst du genau darauf achten, was über diese Personen ausgesagt wird (Aussehen, Alter, Merkmale) bzw. wie sie handeln oder sich verhalten.

Bei deiner Fortführung musst du genau darauf achten, dass keine Widersprüche zwischen den vorgegebenen Merkmalen und dem bisherigen Verhalten der Figuren im Verlauf deiner Handlung entstehen.

Willst du aber erreichen, dass eine Person anders handelt als vorgegeben, musst du diese Änderung gut begründen.

VERSCHIEDENE TEXTE FORTSETZEN

Lösungen zu S. 12:

1. Märchen
2. Es war einmal ...; sieben Brüder; Anfang ist so ähnlich wie Hänsel und Gretel: Holz sammeln, dabei setzen Mutter und Vater die Kinder aus

Lösungen zu S. 13:

3. Du musst die Merkmale eines Märchens beibehalten:
   - der Held muss bestimmte Aufgaben lösen
   - Wesen aus dem Zauberreich helfen oder schaden
   - Magische Gegenstände mit übernatürlichen Kräften können vorkommen
   - Zahlen (3/7) und kostbare Dinge aus Gold oder Edelstein haben große Bedeutung
   - Märchen gehen immer gut aus, Bösewichte werden bestraft
4. Das Haus gehört einem Zauberer, einer Hexe, einem Riesen; Koli und seinen Brüdern werden drei Aufgaben gestellt, um freizukommen; sie lösen die Aufgaben; Koli befreit dabei eine gefangene Prinzessin und heiratet sie
5. Daumesdick, der Däumling, Gulliver im Land der Liliputaner
6. aus der bisherigen Sicht des Erzählers, aus der Sicht von Koli
7. Einen Satz, der verdeutlicht, dass sich die Sichtweise ändert. Z. B.: Das Folgende will ich euch nun aus meiner Sichtweise erzählen, weil es so ungewöhnlich war.
8. Es müssen märchenähnliche Überschriften sein: Der kleine Koli / Der Kleine, der nur eine Armlänge groß war / Koli und seine Brüder / Koli und der Riese

Es war einmal vor langer Zeit, da lebte ein armes Ehepaar in einem kleinen Dorf. Es hatte sieben Kinder, alles Söhne.
Der letzte Sohn, Koli genannt, war ganz klein geblieben – nur eine Armlänge groß –, aber er war schlau und wusste auf jede Frage eine Antwort.
Für das Ehepaar wurde es aber immer schwerer, die neun Leute zu versorgen. Sie hatten nichts mehr zu essen und keine Sachen zum Verkaufen. Also fingen sie das Hungern an. Erster Tag, zweiter Tag, dritter Tag, ... Sie konnten es vor Hunger nicht mehr aushalten.
Da setzen sich der Mann und die Frau zusammen und die Frau sagte: „So kann es nicht weitergehen. Nimm morgen die Kinder unter dem Vorwand, Holz zu sammeln, mit in den Wald und lass sie dort stehen. Sie sollen allein ihr Glück versuchen."
Der Mann nahm den Rat seiner Frau an, denn er wusste keinen Ausweg mehr. Mit ihrem Vater gingen die Kinder in den Wald. Er sagte zu ihnen: „Setzt euch hierhin. Vergesst nicht, was ich euch gesagt habe. Ihr dürft diesen Platz nicht verlassen. Ich gehe und sammle Holz."
Als es dunkel wurde, bekamen die Kinder Angst. Eins fragte: „Was sollen wir jetzt tun?"
Da sprach der kleine Koli: „Hört auf zu weinen. Ihr seid große Jungs! Kommt hinter mir her!"
Sie gingen los. Koli machte den Anfang, die Brüder marschierten hinter ihm her. In der Ferne sahen sie ein helles Licht in einem großen Haus, das ...

1. *Zu welcher Textsorte gehört dieser Anfang?*

2. *Woran erkennst du das?*

3. *Worauf musst du besonders achten, wenn du den Text weiterschreiben willst?*

4. *Notiere in Stichworten, wie dieser Text weitergehen könnte.*

5. *Kennst du ähnliche Texte, in denen ein ganz kleiner Mann (Junge) der Held ist?*

6. *An der Stelle, an der dieser Märchenanfang endet, hast du zwei Möglichkeiten aus verschiedenen Sichtweisen (perspektivisch) weiterzuerzählen. Welche sind das?*

7. *Was musst du einfügen, wenn du die bisherige Sichtweise (Perspektive) änderst?*

8. *Dem Text fehlt eine Überschrift. Finde eine passende.*

Wenn du aus der bestimmten Sichtweise (Perspektive) eines sehr kleinen Mannes weitererzählst, bieten sich besondere sprachliche Mittel an, durch die dem Leser die Situation besonders deutlich gemacht wird.

9. *Unterstreiche im folgenden Text, wie der Autor die Situation besonders anschaulich macht.*

Ungefähr um zwölf Uhr mittags brachte ein Knecht das Essen herein. Es bestand lediglich aus einem Fleischgericht. Die Schüssel mochte einen Durchmesser von acht Metern haben. Als sich die gesamte Familie des Bauern um den etwa zehn Meter hohen Tisch gesetzt hatte, stellte mich der Bauer in einiger Entfernung von sich auf die Tafel. Ich zitterte vor Furcht an allen Gliedern und hielt mich möglichst weit von der Tischkante entfernt, um nicht hinunterzufallen. (...)

Die Bauersfrau schickte eine Magd nach einem kleinen Likörglas, das ungefähr acht Liter fassen mochte, und füllte es mit einem gelblichen Getränk. Mit einiger Schwierigkeit gelang es mir, daraus zu trinken. Für meinen Trinkspruch bediente ich mich der englischen Sprache, was meine Gastgeber zu einem solchen Lachen brachte, dass mir bald das Trommelfell platzte. Das Getränk schmeckte wie dünner Apfelwein und war keinesfalls unangenehm. (...)

Plötzlich hörte ich hinter mir ein Geräusch, als ob eine Strickmaschine in vollem Gange sei. Ich drehte mich um und stellte fest, dass es vom Schnurren einer Katze herrührte, die gerade auf den Schoß der Bauersfrau gesprungen war. Das Tier war dreimal größer als ein Ochse und seine Wildheit in den Augen ließ mich die Fassung vollkommen verlieren, obwohl ich 15 Meter entfernt von ihr am anderen Ende des Tisches stand. (...)

Weniger erschreckten mich die Hunde. Einer davon, eine Art Bulldogge, war viermal so groß wie ein Elefant. (...)

Nach dem Essen wurde ich in ein Zimmer gebracht, welches ungefähr 90 Meter breit und wohl 60 Meter hoch war. In ihm stand ein ein gut 20 Meter breites Bett, in dem ich wohl 2,50 Meter über dem Fußboden lag.

In dieser Not kamen noch zwei Ratten, ungefähr so groß wie zwei Bulldoggen, die Bettvorhänge hinaufgeklettert. (...)

Lösungen zu S. 14:

9. Lösung siehe S. 89

Lösungen zu S. 15:

10. genaue Zahlenangaben, Vergleiche von Größen: so groß wie, größer als, so laut, dass ...
11. Das Haus so groß, dass es an die Wolken kam; die Tür höher als eine Kirche; die Fenster breiter als ein Haus; die Zimmer sind so groß wie ein Fußballplatz; die Tische mindestens 10 m hoch; auf die Stühle können sie nicht klettern; Gabeln so groß wie Gartengeräte

10. Mit welchen beiden sprachlichen Mitteln macht der Autor dem Leser die Größenunterschiede deutlich?

11. Schau dir nochmals das Märchen von Koli an. Welche Vergleiche kann Koli beim Betreten des Hauses benutzen?

12. Schreibe das Märchen von Koli zu Ende.

TIPP:

Um etwas besonders anschaulich zu machen, kannst du

- genaue Maßangaben benutzen (20 Meter, acht Liter) und
- Vergleiche verwenden (dreimal größer als ..., genauso dick wie ...).

TIPP:

Wenn du den Anfang einer bestimmten Textsorte (Sage, Märchen, Fabel) weiterführen sollst, musst du die besonderen Merkmale dieser Textsorte beachten, damit die Fortsetzung zum Text passt. Wenn du im Text die Erzählweise (die Perspektive) ändern willst (allwissender Erzähler oder Ich-Erzähler), musst du dies durch einen erklärenden Satz begründen.

Hermes und der Holzfäller
(Hermes = griechischer Gott)

Einem Holzfäller fiel seine Axt in einen tiefen Fluss. Wie er nun traurig am Ufer saß, trat unerkannt Hermes zu ihm. Als er hörte, was passiert war, tauchte er ins Wasser hinab und kam mit einer goldenen Axt wieder.
„Ist es die?" – „Nein!"
Der Götterbote sprang ein zweites Mal in die Tiefe und brachte diesmal eine Axt aus Silber mit.
„Wie steht es hiermit?" Der Mann schüttelte den Kopf.
Und zum dritten Mal ging Hermes in die Tiefe und holte nun das verlorene Werkzeug hoch.
„Die ist richtig", rief sofort der Holzfäller.
Hermes freute sich über die Redlichkeit des Mannes und schenkte ihm alle drei Äxte.
Natürlich erzählte der Holzfäller seinen Gefährten von seinem Glück, das ihm widerfahren war, und sogleich packte einen von ihnen Neid und Habgier ...

13. *Zu welcher Textsorte gehört dieser Anfang?*

14. *Woran erkennst du das?*

Lösungen zu S. 16:

13. Sage
14. ein Gott spielt mit, der nicht erkannt wird; es passiert etwas Rätselhaftes; dem guten Menschen wird geholfen

Lösungen zu S. 17:

15. Es muss wie eine Sage weitergehen. Der, der etwas aus Habgier tut, wird bestraft.
16. der Gefährte geht an den Fluss, wirft etwas wenig Wertvolles hinein, Hermes erscheint wieder und holt etwas anderes aus dem Fluss heraus (dreimal), da Hermes merkt, wie habgierig der Mann ist, verliert dieser zum Schluss alle drei Gegenstände

15. *Worauf musst du besonders achten, wenn du den Text weiterschreiben willst?*

16. *Notiere in Stichworten, wie dieser Text weitergehen könnte.*

17. *Führe nun diesen Textanfang zu Ende.*

Das hast du gelernt:

Wenn du einen Erzählanfang fortsetzen willst, musst du Folgendes beachten:

- *Achte genau darauf, was im Erzählanfang vorgegeben ist (Situation, nähere Umstände, Personen und ihre Merkmale, das Verhalten der Figuren).*
- *Achte darauf, um welche Textsorte es sich handelt, damit du mit den wichtigen Merkmalen dieser Textsorte weitererzählst (z. B. im Märchen tauchen oft Hexen, Zauberer, Riesen auf).*
- *Entwickle zuerst stichwortartig verschiedene Erzählpläne, wie deine Geschichte weitergehen könnte.*
- *Pass auf, dass zwischen dem Erzählanfang und deiner Fortsetzung kein Widerspruch besteht.*
- *Die Handlungen der Personen müssen mit dem Ausgangstext stimmig sein.*
- *Denke daran, dass jeder Text eine besonders spannende Stelle besitzt.*
- *Benutze die von dir bereits erlernten Methoden, die Spannung in Texten zu steigern.*
- *Achte darauf, dass du einen Perspektivenwechsel innerhalb des Textes begründest.*

EINEN TEXT BEARBEITEN

Eine aufregende Europareise

Ich kann euch vieles von meiner Europareise in den letzten Ferien erzählen. Mein Freund Tim und ich haben uns im letzten Sommer eine Fahrkarte gekauft, die in ganz Europa gilt, und sind mit dem Zug losgefahren. Zuerst nach Amsterdam, dann nach Paris, Madrid und an die portugiesische Küste. Dort wollten wir ein paar Tage Urlaub zum Ausruhen machen.

In einem alten Bauernhaus mieteten wir eine Wohnung, bestehend aus Wohnzimmer, Schlafzimmer und Küche. Das Schlafzimmer war ganz mit dunklem Holz ausgekleidet, an den Wänden standen drei riesige Schränke. An der vierten Wand hing ein Bild, das einen portugiesischen Seefahrer in Lebensgröße darstellte. Als wir uns dieses Bild genauer betrachteten, sagte Tim: „Die Augen leuchten, als ob sie leben."

Weil wir nach der Bahnfahrt rechtschaffen müde waren, gingen wir schon gegen 22.00 Uhr ins Bett. Wir löschten das Licht, die Dunkelheit im Zimmer war total. Zuerst horchte ich nach allen möglichen Geräuschen und meinte auch, ganz Unbekanntes und Komisches zu riechen. Bald darauf schlief ich ein.

Mitten in der Nacht wachte ich auf ...

1. *Wie könnte diese Geschichte weitergehen?*

2. *Unterstreiche im Text die Stellen, die Hinweise darauf geben, was passieren könnte.*

3. *Welche Gefühle könnte der Erzähler haben, wenn er aufwacht?*

Lösungen zu S. 18:

1. Beispiele:
   Es ist jemand im Zimmer; das Bild an der Wand hat sich verändert; der Seefahrer ist nicht mehr im Bild enthalten; ein oder mehrere Schränke stehen offen; Tim ist weg; der Geruch ist unerträglich ...
2. Lösung siehe S. 90
3. Er hat **Angst,** weil es unheimliche Geräusche und Gerüche gibt. Da es stockdunkel ist, sieht er nichts und verkriecht sich vor **Entsetzen** unter der Bettdecke. **Er fürchtet sich.**

Lösungen zu S. 19:

4. Mein Herz schlug so laut wie eine Kirchturmglocke. Der kalte Schweiß lief mir den Rücken herunter. Ich bekam Gänsehaut. Mir schlotterten die Knie. Ihm klapperten die Zähne. Er konnte seine Bewegungen nicht kontrollieren.
5. kalt – eiskalt, eisig kalt, extem kalt
   schwarz – pechschwarz
   nass – pitschnass, triefend nass
   bleich – totenbleich
   weiß – perlweiß, strahlend weiß
   finster – stockfinster

4. *Gefühle der Angst kann man auf unterschiedliche Weise beschreiben. Schreibe weitere Formulierungen auf.*

Es schnürte mir die Kehle zu. Mein Herz schlug bis zum Hals. Ich war wie erstarrt.

5. *Auch mit treffenden Adjektiven lässt sich eine Situation voller Angst und Schrecken beschreiben. Verstärke die unten angegebenen Adjektive durch Zusammensetzungen.*

dunkel – stockdunkel

kalt –

schwarz –

nass –

bleich –

weiß –

finster –

6. *Schreibe den Textanfang zu Ende.*

TIPP:

Achte beim Fortführen eines Erzählanfanges darauf, dass du Methoden verwendest, die eine Geschichte spannender machen:

- *treffende Adjektive, Verben und Formulierungen benutzen,*
- *unterschiedliche Satzanfänge verwenden,*
- *wörtliche Rede einsetzen.*

ÜBEN & PRÜFEN

1. *Setze das passende Wort ein.*

A) Er lächelte mich ______ (freundlich – freudvoll – befreundet) an.

B) Sie schaute sich ______ (beängstigend – ängstlich – mit Angst) um.

C) ______ (froh – frohgemut – fröhlich) pfeifend trat Nils aus dem Haus.

D) Er starrte auf die ______ (riesige – hohe – imposante) Bergkette.

E) Der Regen ______ (kam – klatschte – zog) uns ins Gesicht.

F) Das Pferd ______ (lief – rannte – galoppierte) laut wiehernd über die Weide.

G) Alex lief es ______ (eiskalt – vereist – wie Eis) den Rücken runter.

H) Er dachte ______ (mit Anstrengung – angestrengt – anstrengend) über das Problem nach.

2. *Verbinde passende Adjektive und Nomen.*

lau er →	Sommerabend
schmerzhaft ___	Licht
übersichtlich ___	Hund
überwältigend ___	Burgruine
winselnd ___	Gestalt
angestrengt ___	Kleid
lautlos ___	Friedhof
ebenmäßig ___	Darstellung
ärmellos ___	Ergebnis
untersetzt ___	Zähne
grell ___	Lachen
verfallen ___	Annäherung
einsam ___	Eingriff

Lösungen zu S. 20:

1. A) Er lächelte mich **freundlich** an.
   B) Sie schaute sich **ängstlich** um.
   C) **Fröhlich** pfeifend trat Nils aus dem Haus.
   D) Er starrte auf die **imposante** Bergkette.
   E) Der Regen **klatschte** uns ins Gesicht.
   F) Das Pferd **galoppierte** laut wiehernd über die Weide.
   G) Alex lief es **eiskalt** den Rücken runter.
   H) Er dachte **angestrengt** über das Problem nach.
2. schmerzhafter Eingriff
   übersichtliche Darstellung
   überwältigendes Ergebnis
   winselnder Hund
   angestrengtes Lachen
   lautlose Annäherung
   ebenmäßige Zähne
   ärmelloses Kleid
   untersetzte Gestalt
   grelles Licht
   verfallene Burgruine
   einsamer Friedhof

Lösungen zu S. 21:

3. richtig sind: 1, 2, 3, 7, 8, 10, 11

3. *Kreuze an. (richtig (r) oder falsch (f))*

	r	f
1. Wörtliche Rede dient zur Verlebendigung einer Situation.	❏	❏
2. Ein Erzählanfang führt in die Geschichte ein und gibt dir wichtige Hinweise über die Fortsetzung.	❏	❏
3. Du musst die logisch richtige Reihenfolge deiner Erzählschritte beachten.	❏	❏
4. Einen Höhepunkt brauchst du nicht, da du die Geschichte weiterschreibst.	❏	❏
5. Der Schluss ergibt sich bereits aus dem Erzählanfang.	❏	❏
6. Einen Perspektivenwechsel erkennt der Leser sofort, du kannst ihn jederzeit vornehmen.	❏	❏
7. Gliedere deine Erzählung auch optisch durch Absätze.	❏	❏
8. Verwende die Zeitformen, die im Erzählanfang vorgegeben sind.	❏	❏
9. Benutze keine Vergleiche, sie verwirren den Leser.	❏	❏
10. Treffende Adjektive verdeutlichen einen Vorgang.	❏	❏
11. Unterschiedliche Satzanfänge erleichtern das Lesen deines Textes.	❏	❏
12. Einen Erzählplan brauchst du nicht. Erzähle, wie es dir gerade in den Sinn kommt.	❏	❏
13. Spannung musst du nicht aufbauen und verzögern, denn jeder Leser empfindet sie an anderen Stellen im Text.	❏	❏

NACHERZÄHLEN – UMERZÄHLEN

NACH EINER VORLAGE ERZÄHLEN

Eine sonderbare Wirtszeche

Manchmal gelingt ein mutiger Einfall, manchmal kostet es den Rock, oft sogar die Haut dazu. Diesmal aber nur den Rock. Denn obwohl drei lustige Studenten auf einer Reise keinen Heller mehr in der Tasche hatten, weil sie alles verjubelt hatten, gingen sie noch einmal in ein Wirtshaus. Sie dachten, dass sie sich schon irgendwie aus dieser Situation herausretten könnten.
Die junge Wirtin saß allein in der Gaststube. Die drei Studenten tranken und aßen guten Mutes und führten ein gelehrtes Gespräch über die Vergangenheit.
Einer behauptete, dass in jedem Jahr, an jedem Tag und in derselben Stunde alles wieder so kommen würde, wie es bereits schon vor 6000 Jahren gewesen sei. „Tja, Frau Wirtin," sagte er, „das wissen wir aus unseren gelehrten Büchern." Der zweite ergänzte keck, dass er sich dunkel erinnern könne, vor 6000 Jahren schon einmal im Gasthaus gewesen zu sein und das hübsche Gesicht der Wirtin sei ihm wohl bekannt. Je länger das Gespräch dauerte, umso mehr schien die Wirtin das alles zu glauben.
Als es ans Bezahlen ging, rückten sie mit der List heraus, auf die sie es abgesehen hatten. Einer sagte: „Frau Wirtin, mit dem Bezahlen haben wir Schwierigkeiten. Da wir in Ihnen aber eine verständige Frau gefunden haben, so hoffen wir, dass wir als alte Freunde Kredit haben, und wenn es Euch recht ist, so wollen wir in 6000 Jahren wiederkommen und dann die Zeche bezahlen." Die verständige Wirtin nahm das nicht übel auf und freute sich über das nette Gespräch. Dennoch stellte sie sich vor die Ausgangstür und sprach: „Liebe Herren, die Zeche von heute will ich gerne stunden, aber bezahlt mir bitte die Rechnung von vor 6000 Jahren, denn diese steht seit damals offen. Sie war genauso hoch wie heute, denn es kommt ja alles wieder, wie Ihr sagtet."
In diesem Moment traten einige Männer des Ortes in die Wirtsstube, die diese Worte gehört hatten. Auch die bestanden darauf, dass die Studenten eine 6000 Jahre lang offene Rechnung sofort bezahlen sollten oder ihre noch ziemlich neuen Oberröcke in Zahlung geben sollten. Das geschah auch und die Wirtin versprach, wenn die Studenten in 6000 Jahren wiederkämen, wolle sie ihnen ihre Röcke zurückgeben. Dies geschah am 17. April 1805 im Wirtshaus zu Segringen.

1. *Lies die Geschichte mehrmals durch, damit du sie gut verstehst.*

2. *Gliedere diese Geschichte in Abschnitte (Situationen).*

Lösungen zu S. 22:

2. Situationen:
   1. Drei Studenten ohne Geld gehen in ein Wirtshaus
   2. Studenten wenden List an, um alles umsonst zu bekommen
   3. Wirtin erkennt List
   4. Wirtin legt Studenten herein

Lösungen zu S. 23:

3. A) Einleitung
   Drei Studenten ohne Geld wollen in einem Gasthaus umsonst essen und trinken.
   B) Hauptteil – verschiedene Handlungsschritte
   Sie ersinnen eine List, sie sprechen gelehrt über die Vergangenheit, alles kommt nach 6000 Jahren genauso wieder wie damals, sie glauben, dass sie damit die Wirtin hereinlegen können. Die Wirtin hat die List erkannt und sagt, dass die Studenten die Rechnung von vor 6000 Jahren zahlen sollen, die noch offen wäre. Die Wirtin wird von Männern des Dorfes unterstützt.
   C) Schluss
   Die Studenten müssen ihre noch ziemlich neuen Oberröcke in Zahlung geben.
4. Es ist die Stelle, an der die Wirtin mit der List, die die Studenten anwenden wollten, die Studenten selbst hereinlegt.

3. *Notiere in Stichwörtern, was in den einzelnen Abschnitten passiert ist. Beachte die Reihenfolge der Handlungsschritte.*

A) Einleitung

B) Hauptteil – verschiedene Handlungsschritte

C) Schluss

4. *Welche Situation in dieser Geschichte musst du möglichst genau erzählen, weil sie ganz besonders entscheidend für die Wendung (den Witz, die Pointe) der Geschichte ist?*

5. *Schließe nun dein Buch und erzähle die Geschichte mündlich nach.*

ÜBUNGS-TIPP:

- *Verwende zum mündlichen Nacherzählen einen Kassettenrekorder mit Mikrofon.*
- *Notiere dir stichwortartig die wichtigen Handlungsschritte (Blatt/Heft).*

TIPP:

Du musst eine Geschichte zum Nacherzählen nicht auswendig lernen. Aber du musst beachten, dass

- *du nicht den Ablauf der Handlung veränderst oder etwas Wichtiges vergisst,*
- *du nicht den Sinn, den Witz, die Pointe der Geschichte veränderst,*
- *du den „Ton", die Stimmung der Geschichte beibehältst (lustig, traurig, belehrend, spannend, ...)*

6. *Im Text kommen vielleicht einige Wörter und Formulierungen vor, die du nicht kennst. Suche ihre Bedeutung und schreibe sie auf.*

Heller –

keck –

verjubeln –

Zeche –

etwas stunden –

7. *Mit dieser Geschichte will der Schriftsteller dem Leser eine Lehre deutlich machen. Welche könnte das sein?*

8. *Welche besondere Form der Einleitung in die Geschichte wählt der Autor?*

9. *Übertrage deine mündliche Nacherzählung in die schriftliche Form.*

TIPP:

Beim Nacherzählen kannst du an der Sprache des Textes und an der Ausdrucksweise etwas ändern, damit der Text dem Leser verständlicher wird (z. B. ältere Begriffe durch neuere ersetzen).
Benutze also Formulierungen, die heute üblich sind.
Aber: Verfalle nicht in den Fehler, alles in die heutige Zeit setzen zu wollen.
Wichtige Einzelheiten einer Geschichte kannst du zur Verdeutlichung etwas ausschmücken oder ein wenig ergänzen.
An unwichtigen Stellen kannst du etwas weglassen.
Vergleiche zur Übung den Originaltext mit deiner Nacherzählung.

Lösungen zu S. 24:

6. Heller – kleine Silber- oder Kupfermünze
   keck – munter, unbefangen, frisch, ein bisschen frech
   verjubeln – leichtsinnig verschwenden, vergeuden
   Zeche – Rechnung über verzehrte Speisen und Getränke im Restaurant, Wirtshaus, Gaststätte
   etwas stunden – Zahlungsaufschub geben, etwas nicht sofort zahlen müssen
7. Eine Lehre könnte lauten: Wenn man jemanden hereinlegen will, muss man aufpassen, dass man am Ende nicht selbst hereingelegt wird.
   Redensart: Wer anderen eine Grube gräbt, fällt selbst hinein.
8. Die ersten zwei Sätze fassen den Inhalt des Textes zusammen, sie sagen in allgemein gültiger Form, wie die Geschichte zu Ende geht. Dabei wird über die Handlung aber nichts verraten.

Lösungen zu S. 25:

1. aus der Sicht der Wirtin
   aus der Sicht eines der drei Studenten
2. Der Ich-Erzähler kann nur das erzählen, was er selbst erlebt, gesehen, gefühlt oder gesagt bzw. gedacht hat.
   Er kann nicht die Gefühle, Gedanken der anderen kennen.
3. Die Wirtin kann erst ab der Stelle erzählen, als die drei Studenten ihr Gasthaus betreten. Sie kann nicht die Zeilen 1–8 nacherzählen.

AUS VERSCHIEDENEN PERSPEKTIVEN (SICHTWEISEN) NACHERZÄHLEN

1. *Aus welchen verschiedenen Perspektiven (Sichtweisen) kannst du die Geschichte auf Seite 22 nacherzählen?*

2. *Was musst du beachten, wenn du eine mitspielende Person als Ich-Erzähler handeln lässt?*

3. *Welche Textstellen (Zeilen) kann die Wirtin auf keinen Fall nacherzählen?*

TIPP:

Beim Nacherzählen aus veränderter Perspektive musst du dich in die Situation und Rolle des Ich-Erzählers genau hineinversetzen.
Überlege dir, was der Ich-Erzähler wissen kann und was er miterlebt hat.

Okidoki hat seine Nacherzählung aus der Perspektive der Wirtin so begonnen:

4. *Was hat Okidoki hier gemacht?*

5. *Schreibe nun den Anfang aus der Sicht eines Studenten.*

6. *Erzähle die Geschichte aus einer Perspektive, die du selbst wählen kannst, nach.*

TIPP:

Manchmal musst du beim Nacherzählen aus einer anderen Perspektive Teile zu dem Text hinzufügen, die dem Leser die Situation verdeutlichen. Füge aber nur das hinzu, was für deine Erzählung wichtig ist.

Lösungen zu S. 26:

4. Okidoki hat, um die Situation zu verdeutlichen, einige eigene Sätze aus der Sicht der Wirtin eingefügt.
5. Beispiel: Meine Freunde Hans, Paul und ich hatten eine Reise unternommen. Da wir Studenten waren, hatten wir bald keinen Heller mehr in der Tasche. Da wir aber Hunger und Durst hatten, wollten wir trotzdem in einem Wirtshaus einkehren. Irgendwie würde das auch ohne Geld gehen.

Lösungen zu S. 27:

1. aus der Sicht von Till
   aus der Sicht der Mutter
   aus der Sicht einer Person, die sieht, wie Till auf dem Seil tanzt
2. Lösung siehe S. 90
3. Till hat verloren, er wird sich bemühen, seine Niederlage wettzumachen.

Wie Eulenspiegel auf dem Seil tanzte

Till war mittlerweile sechzehn Jahre alt geworden und sollte einen Beruf ergreifen. Aber er dachte nicht im Traum daran. Stattdessen lernte er auf einem Wäscheseil, das er auf dem Dachboden gespannt hatte, Seiltanzen. Wenn ihn seine Mutter dabei erwischte, so kletterte er schnell aus dem Dachfenster und setzte sich aufs Dach, bis sie sich wieder beruhigt hatte. Als Till das Seiltanzen einigermaßen konnte, spannte er das Seil über den Fluss zum Bodenfenster eines Hauses, das am anderen Ufer stand.

An beiden Ufern versammelten sich Leute und blickten in die Luft, als Till zu balancieren begann. Deshalb wurde auch Tills Mutter aufmerksam. Sie sah ihren Sohn, wie er mitten über dem Fluss auf ihrer Wäscheleine stand und Kunststückchen machte. Kurz entschlossen stieg sie zum Dachfenster ihres Hauses empor, nahm ihr Kartoffelschälmesser aus der Schürzentasche und schnitt – ritsch! – die Leine durch. Und Till, der nichts gemerkt hatte, fiel sozusagen aus allen Wolken. Er fiel in den Fluss und musste in der Saale baden. Die Kinder, die Nachbarn und alle Leute, die das mit angesehen hatten, lachten sich halb tot und ärgerten und veräppelten Till mit ihren Zurufen.

1. *Aus welchen Perspektiven kann dieser Teil der Geschichte erzählt werden?*

2. *Unterstreiche im Text die Wörter und Sätze, die die einzelnen Handlungsschritte darstellen.*

3. *Du kennst sicherlich schon Eulenspiegelgeschichten. Warum kann diese Geschichte hier nicht zu Ende sein?*

Schon am nächsten Tag spannte Till sein Seil erneut. Diesmal machte er es aber nicht vom Fenster seiner Mutter aus, denn er wollte nicht schon wieder in der Saale baden. Denn es heißt, dass von zu häufigem Baden die Haut zu dünn wird. Er spannte das Seil zwischen zwei Häusern aus, hoch in der Luft. Natürlich kamen wieder die Kinder und die Nachbarn, die Bäuerinnen und Bauern. Sie lachten und machten Witze über Till und fragten, ob er wieder vom Seil falle. Eulenspiegel aber sagte: „Heute zeige ich euch noch etwas viel Schöneres. Ihr müsst nur eure linken Schuhe ausziehen und sie mir aufs Seil geben, sonst kann ich das Kunststück nicht machen."

Erst wollten sie nicht recht. Doch dann zog einer nach dem anderen seinen linken Stiefel aus und endlich hatte Till hundertzwanzig linke Schuhe vor sich liegen. Er knüpfte sie mit einer Schnur zusammen und kletterte, beladen mit dem Schuhberg, aufs Seil hinauf.

Unten standen einhundertzwanzig Zuschauer, jeder hatte nur den rechten Schuh an, und warteten darauf, welch lustiges Ding er nun tun wolle.

Als nun Eulenspiegel auf dem Seil saß und seine Kunststücke machte, rief er auf einmal: „Jeder gebe Acht und suche seinen Schuh wieder!", und damit schnitt er die Schnur durch und warf alle Schuhe vom Seil auf die Erde, sodass sie alle durcheinander purzelten. Da stürzten Jung und Alt hinzu, um ihre Schuhe wiederzubekommen.

„Das ist meiner", rief der eine. „Du lügst, es ist meiner!", schrie ein anderer. Und sie fielen sich in die Haare und fingen an, sich zu prügeln. Derweil saß Till auf dem Seil, lachte und rief: „Sucht nur die Schuhe, wie ich kürzlich ausbaden musste!"

Danach lief er vom Seil und ließ sich vier Wochen lang nicht blicken.

4. *Auch diesen Teil der Geschichte kannst du aus verschiedenen Sichtweisen erzählen. Liste auf.*

Lösungen zu S. 28:

4. aus der Sicht von Till
   aus der Sicht eines Zuschauers

Lösungen zu S. 29:

6. Beispiele:
   Lustiges Schuh-Durcheinander
   Erst oben, dann unten
   In luftiger Höhe

Wenn du besonders fantasievoll nacherzählen willst, kannst du auch Gegenstände erzählen lassen.

Gestern Morgen hat mich meine Besitzerin Marianne, wie jeden Morgen, angezogen und zugeschnürt. Ich bin der linke Schuh eines Paares, bestehe aus rotem Leder, einem kleinen Absatz und einem orangenen Muster an der äußeren Seite. Mit meiner rechten Schwester zusammen gingen wir mit Marianne an einen großen Platz, an dem ein junger Mann, der von allen Till Eulenspiegel gerufen wurde, hoch in der Luft auf einem Seil stand. Ich hörte, wie er sagte: „...

5. *Erzähle die komplette Geschichte aus der Sicht eines linken Schuhes, der von seinem Besitzer/seiner Besitzerin mit aufs Seil gegeben wird.*

6. *Suche für deine umerzählte Geschichte eine passende Überschrift.*

Das hast du gelernt:

- *Eine Geschichte mündlich und/oder schriftlich nachzuerzählen heißt, dass du den Text möglichst genau für einen anderen wiedergibst, der den Text nicht kennt.*
- *Das bedeutet aber, dass du den Text nicht auswendig lernst, sondern ihn mit deinen Worten wiedergibst.*
- *Wichtig ist, dass du die Handlungsschritte in der richtigen Reihenfolge erzählst, alle wichtigen Personen, Orte und Daten erwähnst.*
- *Achte besonders darauf, den Witz, die List, die Pointe oder den spannenden Höhepunkt der Geschichte möglichst genau nachzuerzählen.*
- *Die Art der Geschichte (lustig, traurig, spannend, lehrreich, ...) musst du erhalten.*
- *Manchmal kannst du Wörter oder Begriffe verändern, damit der Leser von heute sie besser versteht.*
- *In der Schule gibt es häufig die Aufgabe, einen Text aus einer geänderten Perspektive nachzuerzählen. Versetze dich immer in die Situation des Ich-Erzählers. Erzähle nur das, was der Ich-Erzähler auch wissen konnte, erlebt hat oder gehört hatte. Beschreibe auch nur seine Gefühle. Das, was andere denken oder fühlen, kann der Ich-Erzähler nicht wissen.*
  Bei einer solchen Aufgabe musst du bestimmte Textteile ganz weglassen, an einer anderen Stelle einen Satz ergänzen oder ganze Textteile neu schreiben.
- *Besonders das fantasievolle Nacherzählen aus ganz ungewöhnlichen Perspektiven bietet viele Möglichkeiten für kreatives Schreiben.*

ÜBEN & PRÜFEN

Lösungen zu S. 30:

1. Lösung siehe S. 94
2. „... esst mit mir, wenn Ihr könnt."
3. sich auf den Hosenboden setzen – sich anstrengen
   die Beine unter den Arm nehmen – weglaufen
   etwas auf die lange Bank schieben – verzögern
   jemandem auf den Zahn fühlen – prüfen
   auf dem falschen Dampfer sein – sich irren
   die Karten aufdecken – eingestehen
   jemandem Honig ums Maul schmieren – schmeicheln
   auf die Tube drücken – sich beeilen
   dem lieben Gott die Zeit stehlen – faulenzen
   jemandem die Schuld in die Schuhe schieben – verdächtigen

Lösungen zu S. 31:

4. Höre; Erzähle; Reihenfolge; Merke; Achte; Nimm; Nutze; Beachte; Ordne; Text; Erzähle
   Lösungswort: Hermann Bote
5. Braunschweig, Till, Bote, Esel, Eulenspiegel, Herzog, Redensart, Lehre, Mainz, Seiltänzer, Lüneburg, Schuhe, Elm, Mittelalter, Hermann

Till zu Gast in Lüneburg

Zu Lüneburg wohnte ein Pfeifendreher, der sich anmaßte, käme Till nur nach Lüneburg, so wollte er den Till genauso veräppeln, wie Till das immer mit anderen Leuten mache. Als nun der kühne Mann eines Abends im „Springenden Ross" beim Biere saß, kam Eulenspiegel wirklich, und weil er eine fröhliche Gesellschaft beisammen fand, blieb er dort. Da lud ihn der Pfeifendreher, der ihn äffen wollte, zu Gaste und sprach: „Kommt morgen Mittag zu mir als mein Gast und esst mit mir, wenn Ihr könnt."

1. *Welche Stellen des Textanfanges müssen wegbleiben, wenn du die Geschichte aus der Perspektive von Till nacherzählen sollst. Unterstreiche im Text.*

2. *Mit welchem Satz versucht der Pfeifendreher Till hereinzulegen?*

3. *Oftmals spielt Till seine Streiche, indem er Redewendungen wortwörtlich nimmt. Verbinde die Verben mit der passenden Redewendung.*

sich auf den Hosenboden setzen	schmeicheln
die Beine unter den Arm nehmen	verdächtigen
etwas auf die lange Bank schieben	prüfen
jemandem auf den Zahn fühlen	faulenzen
auf dem falschen Dampfer sein	weglaufen
die Karten aufdecken	sich irren
jemandem Honig ums Maul schmieren	verzögern
auf die Tube drücken	eingestehen
dem lieben Gott die Zeit stehlen	sich anstrengen
Jemandem die Schuld in die Schuhe schieben	sich beeilen

4. *Setze die passenden Verben oder Nomen in die Lücken ein. Die Anfangsbuchstaben der Wörter ergeben den Namen des Mannes, der als Erster um das Jahr 1510 die Geschichten von Till Eulenspiegel aufgeschrieben und veröffentlicht hat.*

nutzen – beachten – nehmen – ~~hören~~ – Reihenfolge – ordnen –
achten – erzählen (2x) – merken – Text

Höre konzentriert zu, wenn der Text vorgelesen wird.

______ in deiner eigenen Sprache nach.

Die ______ der Handlungsschritte ist wichtig.

______ dir die wichtigsten Einzelheiten.

______ besonders auf den Witz einer Geschichte.

______ die Perspektive des Ich-Erzählers ein.

______, wenn möglich, die direkte Rede.

______, dass du nur erzählen kannst, was der Ich-Erzähler erlebt, gefühlt oder gedacht hat.

______ deine Stichwortsammlung, um dir einen genauen Überblick über den Text zu verschaffen.

Du kannst deinen ______ auch ausgestalten oder kürzen.

______ im Präteritum.

Lösungswort: _ _ _ _ _ _ _ _ _ _ _

5. *Finde 15 versteckte Wörter zu Eulenspiegel.*

B	R	A	U	N	S	C	H	W	E	I	G
Y	E	K	I	T	E	A	Z	C	L	T	H
E	D	X	F	T	I	L	L	X	M	M	B
X	E	L	G	X	L	W	Ü	N	H	I	H
Z	N	E	B	O	T	E	N	R	E	T	E
E	S	H	M	Y	Ä	O	E	Y	T	T	R
A	A	R	A	Z	N	D	B	S	U	E	M
K	R	E	I	W	Z	L	U	C	C	L	A
O	T	W	N	O	E	M	R	H	O	A	N
S	K	V	Z	B	R	N	G	U	B	L	N
E	S	E	L	K	T	Q	U	H	K	T	L
E	U	L	E	N	S	P	I	E	G	E	L
C	Y	W	L	H	E	R	Z	O	G	R	K

KAPITEL 3

Lösungen zu S. 32:

1. dem Löwen
2. Auch ein Starker kann auf die Hilfe eines Schwachen angewiesen sein.
3. Löwe: Ein erfolgreicher Schüler (z. B. im Sport), dem alles gelingt, hat sich beim Tauchen/Klettern verletzt und ist hilflos.
   Maus: Ein Mitschüler, der unscheinbar ist und oft belächelt wird, gelingt es, den Verletzten zu bergen oder Hilfe zu holen.

Lösungen zu S. 33:

4. Ja, alle Welt hasst die Wahrheit, wenn sie einen trifft. Deshalb haben weise Leute Fabeln gedichtet, in denen sie ein Tier mit dem anderen sprechen lassen. Sie sollen Folgendes zum Ausdruck bringen: Niemand will die Wahrheit hören oder ertragen und doch kann man sie nicht verschweigen. Also muss sie ausgeschmückt und witzig verändert in eine nette Fabel verpackt werden. Wenn man sie (die Wahrheit) auch nicht durch Menschenmund hören muss, so kann man sie doch (leichter) aus des Tieres Mund ertragen.
5. Wenn man selbst betroffen ist, will man nicht immer die Wahrheit hören. Niemand möchte z. B. hören, dass er/sie egoistisch ist, auch, wenn es stimmt.
6. Fabeln sollen zwar die Wahrheit sagen, aber sie sind als lustige Tiergeschichten „verkleidet", sodass sie den Menschen nicht direkt entlarven.

„Das ist ja fabelhaft"

Der Löwe und die Maus (nach Aesop)
Als der Löwe schlief, lief ihm eine Maus über den Körper. Aufwachend packte er sie und war drauf und dran sie aufzufressen. Da bat sie ihn, er solle sie doch freilassen: „Wenn du mir das Leben schenkst, werde ich mich dankbar erweisen." Lachend ließ er sie laufen. Es geschah aber bald darauf, dass der Löwe von Jägern gefangen und mit einem Seil an einen Baum gebunden wurde. Da hörte ihn die Maus stöhnen. Sie lief zu ihm, benagte das Seil rundherum und befreite so den Löwen. „Damals", sagte sie, „hast du gelacht über mich und nicht geglaubt, dass ich dir einmal helfen könnte."

TIPP:
*Diese kleine Geschichte nennt man eine **Fabel**. In Fabeln denken, sprechen und handeln Tiere wie Menschen. Aber – etwas anders als im Märchen – enthält diese Geschichte eine Lehre für das menschliche Leben.*

1. *Wem wird in dieser Fabel eine Lehre erteilt?*

2. *Formuliere die Lehre mit deinen Worten.*

3. *Überlege dir eine Situation aus dem menschlichen Leben, auf die die Geschichte zutreffen könnte. (Wer könnte der Löwe sein, wer die Maus?)*

Das hat Martin Luther (1483–1546) über die Fabel gesagt:

Ja alle Welt hasset die Wahrheit / wenn sie einen trifft.
Darumb haben solche weise hohe Leute die Fabeln ersticht[1] / und lassen ein Thier mit dem andern reden / Als sollten sie sagen / Wolan / es will niemand die Warheit hoeren noch leiden / und man kann doch der Warheit nicht emberen[2] / So woellen wir sie schmuecken / und unter einer luestigen Luegenfarbe und lieblichen Fabeln kleiden / Und weil man sie nicht will hoeren / durch Menschen mund / das man sie doch hoere / durch Thierer und Bestien mund.

4. *Lies den Text zunächst laut, bevor du ihn in die heutige Sprache „übersetzt".*

5. *Was bedeutet die erste Zeile? Nenne Beispiele für diese Aussage Luthers.*

6. *Warum gibt es nach Meinung Luthers Fabeln? Welche Aufgaben haben sie?*

1 gedichtet
2 hier: verschweigen

Der Frosch, der so groß sein wollte wie ein Ochse

Ein Fröschlein, als es einen Ochsen sah,
fand, stattlich stehe dieser da.
Es selber war nicht größer als ein Ei;
Begierig dehnt und bläht und plagt es sich,
dass es dem Biest an Größe ähnlich sei.
Schau, Bruder, ruft es, schau auf mich,
hab ich's erreicht, ist es genug? –
O nein. – Und nun? – Noch nicht. – Und jetzt? Sag's frei!
Es fehlt noch viel. – Der arme Knirps macht Zug um Zug
und platzt mit einem lauten Knall entzwei.

7. *Welche Redensart, welches Sprichwort könnte zu der Lehre dieser Fabel passen?*

Es ist nicht alles Gold, was glänzt.

Wenn zwei sich streiten, freut sich der Dritte.

Ohne Fleiß kein Preis.

Es ist noch kein Meister vom Himmel gefallen.

Am ärgsten fällt der Größenwahn oft grade die kleinen Menschen an.

8. *Welche Menschen könnten mit dem Frosch gemeint sein und was sollen sie aus dieser Fabel lernen?*

Lösungen zu S. 34:

7. Am ärgsten fällt der Größenwahn oft gerade die kleinen Menschen an.
8. Übermut, Angabe und Protzerei lohnen sich nicht, denn sie werden bestraft. Wer sich überschätzt, wird zum Gespött seiner Umwelt.

Lösungen zu S. 35:

9. Löwe: z. B. reicher, missgelaunter Firmenchef, der willkürlich schalten und walten kann
Bär, Hase, Wolf, Fuchs: untergebene Mitarbeiter, die abhängig sind
Lehre: Manchmal ist es klug (überlebenswichtig), seine Meinung nicht zu sagen und zu schweigen.

Der kranke Löwe
Der Löwe lag krank in seiner Höhle, da kam der Bär ihn zu besuchen. Der Löwe fragte ihn: „Merkst du nicht, wie es in meiner Höhle stinkt?“ „Ja, wirklich, es stinkt sehr übel“, antwortete der Bär. Diese Antwort erzürnte den Löwen und er zerriss den Bären. Der Hase hatte dies mit angesehen und als er kam, dem Löwen seine Aufwartung zu machen, antwortete er auf die gleiche Frage: „O nein, hier stinkt es gar nicht; es duftet sogar sehr gut!“ „Du lügst!“, schrie der Löwe. „Es duftet nicht, es stinkt!“ Und da zerriss er den Hasen. Darauf kam der Wolf und entgegnete dem Löwen auf seine Frage: „Es stinkt nicht und duftet nicht.“ „Du lügst“, sagte der Löwe, „das kann nicht sein“, und tötete ihn. Zuallerletzt kam der Fuchs. Der Löwe fragte ihn: „Stinkt es oder duftet es in meiner Höhle?“ Der schlaue Fuchs antwortete: „Vergebt mir, erlauchter Zar! Ich habe gerade einen solchen Schnupfen, dass ich es nicht unterscheiden kann, ob es stinkt oder nicht und zu lügen wage ich nicht ...“ Da verschonte ihn der Löwe, weil er so klug war.

9. *Überlege dir Situationen aus dem menschlichen Leben, auf die diese Fabel passen könnte.*
- *Wer könnte der Löwe sein, wer der Bär, der Hase, der Wolf und der Fuchs?*
- *Formuliere eine Lehre.*

Das hast du gelernt:
Fabeln sind kurze Geschichten, in denen sich Tiere wie Menschen verhalten. Man muss die Fabeln auf die menschliche Ebene übertragen, damit man aus ihnen eine Lehre für das eigene Verhalten ziehen kann.

WORAN MAN FABELN ERKENNT

Vom Frosch und von der Maus

Eine Maus wollte gern ans andere Ufer eines breiten Baches, konnte aber nicht schwimmen und bat einen Frosch um Rat und Hilfe. Der Frosch war ein Schalk (Witzbold) und sprach zur Maus: „Binde deinen Fuß an meinen Fuß, so will ich schwimmen und dich hinüberziehen.“ Als sie aber mitten auf dem Wasser waren, tauchte der Frosch unter und wollte die Maus ertränken. Die Maus wehrte sich verzweifelt, zappelte und strampelte. Da wurde ein vorüberfliegender Bussard auf die zappelnde Maus aufmerksam, packte sie und zog sie mitsamt dem Frosch aus dem Wasser. Dann fraß er sie beide.

1. *Welches sind die 4 Abschnitte in dieser Fabel? (siehe auch Tipp auf S. 37)*

1	–	Zeile	1	bis	3
2	–	Zeile		bis	
3	–	Zeile		bis	
4	–	Zeile		bis	

2. *Die „Hauptperson“ in dieser Fabel ist der Frosch. Wieso?*

3. *Was hat der Frosch vor?*

Lösungen zu S. 36:

1. 1. Abschnitt bis: ... sprach zur Maus. (Zeile 1–3)
   2. Abschnitt bis: ... hinüberziehen (Zeile 3–4)
   3. Abschnitt bis: ... strampelte (Zeile 4–6)
   4. Abschnitt bis: Dann fraß er sie beide. (Zeile 6–9)
2. Die Aktionen gehen von ihm aus.
3. Der Frosch will die Maus hereinlegen.

Lösungen zu S. 37:

4. Der Frosch hält sich für überlegen und wird am Ende bestraft.
5. Er hatte die Maus an sich festgebunden, ihr Schicksal also mit seinem verknüpft.
6. Wer anderen schaden will, schadet oft sich selbst. Wer anderen eine Grube gräbt, fällt selbst hinein.

4. *Für den Frosch verkehrt sich die Situation in das Gegenteil. Erkläre warum!*

5. *Warum konnte der Frosch seinem Schicksal nicht entgehen?*

6. *Formuliere die Lehre dieser Fabel! (Bedenke, wer die Strafe am meisten verdient hat.)*

7. *Übertrage die Situation auf den menschlichen Bereich. Stelle dir zum Beispiel vor, jemand (wer?) bittet einen anderen (wen?) um einen Gefallen, um Hilfe (was könnte das sein?).*

TIPP:

Die 4 Teile einer Fabel heißen:

1. ***Ausgangssituation / Einleitung***
2. ***Rede / Handlung***
3. ***Gegenrede / Gegenhandlung***
4. ***Ergebnis / Schluss (manchmal mit aufgeschriebener Lehre)***

Die Umkehrung des Kräfteverhältnisses am Schluss nennt man auch ***Pointe****. Der Überlegene, Eingebildete, Angeber, Mächtige, Dumme, Große, Starke – manchmal aber auch der Ehrliche, Vertrauensselige – wird hereingelegt oder bestraft.*

Die Mücke und der Löwe

Eine Mücke kam zum Löwen und sprach: „Ich fürchte mich nicht vor dir, du bist ja nicht stärker als ich. Worin besteht eigentlich deine Stärke? Dass du mit den Krallen kratzest und mit den Zähnen beißt? Das tut auch eine Frau, wenn sie mit ihrem Mann rauft. Ich bin aber viel stärker als du: Wenn du willst, lassen wir es auf einen Kampf ankommen."
Die Mücke blies das Zeichen zum Angriff und stach den Löwen um die Nase, wo er kein Fell hatte. Der Löwe wurde wütend und schlug um sich, dass er sich mit seinen eigenen Krallen verletzte. Die Mücke jedoch summte ihr Siegeslied und flog davon.

8. *Warum ist die Fabel an dieser Stelle noch nicht zu Ende?*

9. *Entscheide dich für einen der folgenden Schlüsse und begründe deine Wahl.*

A. In einiger Entfernung sah sie einen Elefanten seinen Mittagsschlaf halten. Sie flog in sein Ohr und das hohe Summen weckte ihn. Darauf sprach die Mücke: „Ich bin nicht nur stärker als der Löwe, ich bin sogar stärker als du. Soll ich's dir beweisen?" – „Verschwinde!", sagte der Elefant. „Oder willst du aus einer Mücke einen Elefanten machen?" Da flog die Mücke beleidigt weg.

B. Als bald verfing sie sich aber in einem Spinnennetz und während sie aufgefressen wurde, jammerte sie, dass sie nach siegreichem Kampf mit dem Stärksten einem so geringen Tier wie der Spinne zum Opfer fiel.

C. In ihrem Übermut kurvte sie hin und her und summte aus Leibeskräften, bis sie gegen eine Lampe knallte, benommen liegen blieb und verbrannte.

Lösungen zu S. 38:

8. Das Ende wäre zu einfach. Das Kräfteverhältnis hat sich noch nicht umgekehrt.
9. Schluss B, weil sich die Mücke für überstark hält und nun einem so schwachen Tier zum Opfer fällt.

Lösungen zu S. 39:

10. Es fehlen in beiden Geschichten die Umkehrung und eine Pointe, die eine Lehre nach sich zieht.

Vogel

Knabe, ich bitt' dich, so sehr ich kann:
O, rühre mein kleines Nest nicht an!
O, sieh nicht mit deinen Blicken hin!
Es liegen ja meine Kinder drin,
Die werden erschrecken und ängstlich schrei'n,
Wenn du schaust mit den großen Augen herein.

Wohl sähe der Knabe das Nestchen gern,
Doch stand er behutsam still von fern.
Da kam der arme Vogel zur Ruh',
Flog hin und deckte die Kleinen zu
Und sah so freundlich den Knaben an:
Hab' Dank, dass du ihnen kein Leid getan.

Ein Breitmaulfrosch will sich fotografieren lassen. Der Fotograf denkt sich: „Das Vieh bekomme ich mit seinem breiten Maul niemals aufs Bild. Was mach ich da bloß?" Er überlegt kurz und sagt dann: „Sagen Sie bitte Konfitüre, wenn ich Sie knipse." Der Breitmaulfrosch sagt: „Ischt rächt!" Der Fotograf macht alles bereit. Er legt die Hand auf den Auslöser und ruft: „Jetzt!" Da schreit der Breitmaulfrosch: „Marmälade!"

10. *Warum sind diese Texte keine Fabeln? (Sieh dir die Merkmale auf den Seiten 35 und 37 noch einmal an!)*

Die elegante Gans

Vor etwa 100 Jahren lebte eine Gans an einem schönen großen See. Ihre Federn waren weißer als der Schnee. Oft traf sie sich mit anderen Tieren unten an der Brücke. Dann tauschten sie den neuesten Dorfklatsch aus, aßen und tranken und ließen es sich gut gehen. Je mehr nun unserer lieben Gans bewusst wurde, wie schön ihr Gefieder war, desto mehr wollte sie wie ein Schwan aussehen. Wie wird sie das wohl angestellt haben? Nun, sehen wir weiter. Die Gans putzte ihr Gefieder, sie bog den Hals, sie reckte ihn und streckte ihn, damit er so elegant aussähe wie der eines Schwans. – Aber es gelang ihr nicht – natürlich nicht! Vielmehr machte sie eine derart lächerliche Figur, dass alle Verwandten und Bekannten tuschelten und sie auslachten.

1. *Schreibe diese Fabel so gekürzt wie möglich auf. Gehe dabei Satz für Satz vor. Überlege, welches Wort, welcher Satzteil weggelassen werden könnte, ohne dass die Geschichte sich im Kern verändert.*

Eine Gans lebte an einem See ...

2. *Schreibe eine Lehre dazu.*

3. *Denke dir eine Situation aus (vielleicht aus der Schule?), zu der diese Fabel mit der Lehre passen könnte.*

Lösungen zu S. 40:

1. Eine Gans lebte an einem See. Ihre Federn waren weißer als der Schnee. Je mehr der Gans bewusst wurde, wie schön ihr Gefieder war, desto mehr wollte sie wie ein Schwan aussehen. Sie putzte ihr Gefieder, sie bog den Hals und streckte ihn, damit er so elegant aussähe wie der eines Schwans. Aber es gelang ihr nicht. Sie machte eine derart lächerliche Figur, dass sie von allen anderen Gänsen ausgelacht wurde.
2. Wer sich überschätzt, wird zum Gespött seiner Umwelt.
3. Eine Schülerin, die sonst wenig beachtet wird, hat eine Einladung zu einer Party von einem allseits beliebten Jungen bekommen. Sie erzählt überall davon, übertreibt immer mehr, bis sogar ein Verhältnis mit dem Jungen daraus wird. Alle anderen wissen es besser und lachen sie aus. Als der Junge davon erfährt, lädt er sie wieder aus.

Lösungen zu S. 41:

4. Die anderen haben's besser
   Ein Regenwurm, eine Grille und eine Schnecke unterhielten sich über Häuser. „Wenn ich solch ein schönes Häuschen hätte wie die Schnecke, brauchte ich mich nicht in die Erde zu verkriechen", klagte der Regenwurm. „Und wie gemütlich wollte ich mir's machen", sagte die Grille. „Ich habe eins", stöhnte die Schnecke, „und ich muss die Last Tag und Nacht mit mir herumschleppen. Was gäbe ich drum, wenn ich's los wäre!" Ist das wohl gerecht, sich so über sein Los zu beklagen?
5. Die passenden Reimwörter sind:
   grauer, Dache, Miezekatz, Weile, keck, Biest, Habicht, holte, denen, Schlauen, sehn, man

Die anderen haben's besser

Ein Regenwurm, eine Grille und eine Schnecke trafen sich. Sie unterhielten sich und sprachen über Häuser. Der Regenwurm: „Wenn ich solch ein schönes Häuschen hätte wie die Schnecke, brauchte ich mich nicht in die Erde zu *verstecken/vergraben/verkriechen*“, klagte der Regenwurm. „Und wie *komfortabel/bequem/gemütlich* wollte ich mir's machen!“, sagte *eine/die Grille*. Ob sie Recht hat? Warten wir erst noch auf die Meinung der Hausbesitzerin. „Ich habe eins“, *entgegnete/erwiderte/stöhnte* die Schnecke, „und ich muss die Last Tag und Nacht mit mir *führen/herumschleppen/nehmen*. Was gäbe ich drum, wenn ich's *los wäre/verkaufen könnte/abladen könnte*.“

Das also meinte die Schnecke. Ist das wohl gerecht, sich so über sein Los zu beklagen?

4. *Auch diese Fabel ist zu lang. Schreibe die Fabel ab und lasse alles weg, was überflüssig ist. Von den kursiv gedruckten Wörtern wähle das passendste aus.*

Der Spatz (Heinz Erhardt)

Es war einmal ein (grauer/~~bunter/süßer~~) Spatz,
der saß ganz oben auf dem (Dache/Turme/Hause),
und unten hielt die (Katze/Miezekatz/Katz)
schon seit geraumer (Zeit/Weile/Ewigkeit) Wache.
Da sagte sich das Spätzlein (frech/mutig/keck):
„Mich kann das (Biest/Tier/Kätzchen) nicht überlisten!“
Bums, kam ein (Flugzeug/Habicht/Kater) um die Eck
Und (holte/fing/krallte) sich den Optimisten. –
So kann es allen (denen/Lebewesen/Männern) gehn,
die glauben, nur sie wärn die (Listigen/Klugen/Schlauen).
Man darf nicht nur nach unten (gehen/sehn/flehn),
(er/man/ich) muss auch mal nach oben schauen.

5. *Diese Fabel reimt sich sogar. Finde die passenden Reimwörter heraus und streiche die falschen durch.*

Der blindwütige Hund

6. *Schreibe zu dieser Bildfolge eine kleine Fabel.*

Das hast du gelernt:

1. *Fabeln sind immer kurz und knapp und enthalten nur das Wichtigste. Je kürzer eine Fabel, umso wirkungsvoller ist sie.*
2. *Fabeln können sich manchmal auch reimen.*
3. *Fabeln bestehen in der Regel aus 4 Teilen (siehe S. 37)*
4. *Fabeln enthalten kurze wörtliche Rede.*
5. *Die Ausgangssituation kehrt sich meistens im Wendepunkt oder der Pointe um.*
6. *Zu jeder Fabel lässt sich eine Lehre finden.*

Lösungen zu S. 43:

7. 1) Wer zuletzt lacht, lacht am besten.
   2) Wer anderen eine Grube gräbt, fällt selbst hinein.
   3) Wer nicht kommt zur rechten Zeit, der muss sehen, was übrig bleibt.
   4) Früh übt sich, was ein Meister werden will.
8. 1) Man sollte sich nicht zu früh zu sicher sein.
   2) Wer einen anderen reinlegen will, ist oftmals selbst der Dumme.
   3) Wer die Zeit versäumt, kann sich keine Vorteile mehr aussuchen.
   4) Wer rechtzeitig damit beginnt, bestimmte Dinge zu erlernen und zu trainieren, wird später erfolgreich sein.
9. Michael möchte seinen Nebenbuhler Andreas vor anderen, besonders vor Kathrin, blamieren. Deshalb hat er eine Speise bei einer Feier mit einem scharfen Gewürz versehen und die Speise so hingestellt, dass Andreas sie erhalten muss. Durch einen Zufall werden die Speisen jedoch vertauscht (oder Andreas bietet ihm höflich seine Speise zuerst an), sodass Michael die manipulierte Speise erhält. Er kostet und bekommt einen Hustenanfall, über den sich vor allem Kathrin vor Lachen ausschüttet.

Sprichwörter und Redensarten bilden sehr oft den Kern einer Lehre.
Hier ein paar Beispiele:

7. *Suche weitere Beispiele.*

8. *Mache dir zunächst den Sinn eines Sprichwortes klar. Zum Beispiel:*

Lügen haben kurze Beine. → Mit Lügen kommt man nicht weit.

9. *Schreibe selbst eine Fabel. Überlege dir dazu eine Situation, die du selbst erlebt hast.*

TIPP:

1. *Eine Lüge hat zunächst geholfen, wurde aber nach kurzer Zeit aufgedeckt, vielleicht (ungewollt) durch den Lügner selbst? Dadurch entsteht ein Schaden oder es gibt Spott oder Strafe.*
2. *Welche (gegensätzlichen) Fabelfiguren könnten eingesetzt werden? (Beispiel: Der Stärkere, Angeber hat mit seiner Lüge zunächst Erfolg, wird dann aber durch den Gegenspieler entlarvt und blamiert sich.)*

ÜBEN & PRÜFEN

Lösungen zu S. 44:

1. Wolf: stark, dumm, gefräßig
Hase: schnell, leichtgläubig, schwach
Löwe: groß, stark, furchteinflößend, verbreitet Respekt, Herr der Tiere, egoistisch
Esel: groß, dumm
Schlange: hinterlistig, gefährlich, einschmeichelnd
Rabe: eingebildet
Lamm: schwach, einfältig, gutgläubig

Lösungen zu S. 45:

3. Der Löwe und die Maus → E
Der Frosch, der so groß sein wollte wie ein Ochse → B, C
Der kranke Löwe → G
Vom Frosch und der Maus → F
Die Mücke und der Löwe → A
Die elegante Gans → B
Die anderen haben's besser → I
Der Spatz → H
Der blindwütige Hund → C
Wolf und Reiher → D
4. Aus Kurzfassung A ließe sich gut eine Fabel schreiben. Der Wolf verspricht etwas, was er nicht hält. Hier könnte sich eine Umkehrung der Ausgangssituation mit einer entsprechenden Lehre anschließen.
5. Der Wolf hatte einen Knochen quer im Hals sitzen und unter großen Schmerzen kam er zum Reiher und sagte: „Mein lieber Reiher, ich will dich fürstlich belohnen, wenn du mir den Knochen aus dem Schlund ziehst."
Der Reiher zog mit seinem langen Schnabel den Knochen aus dem Hals des Wolfes. Darauf forderte er gutgläubig seine Belohnung. Der Wolf grinste ihn zähnefletschend an und sagte: „Ich habe dich für deine Heilkunst am Leben gelassen. Das ist genug des Lohnes."

1. *Schreibe auf, welche Eigenschaften und Verhaltensweisen diesen Fabeltieren zugeschrieben werden. Du kannst die Liste auch ergänzen.*

Fuchs: schlau, durchtrieben, listig, falsch, clever,
Wolf:
Hase:
Löwe:
Esel:
Schlange:
Rabe:
Lamm:

Das hast du gelernt:
In Fabeln werden menschliche Schwächen und Ungerechtigkeiten kritisiert und oft bestraft.

2. *Schreibe Verhaltensweisen und Eigenschaften auf, die die meisten Menschen nicht schätzen.*

Jemand ist egoistisch und denkt nur an sich.
Jemand lügt ständig und ist falsch und hinterlistig.

3. *Dies sind die Lehrsätze zu den Fabeln in diesem Kapitel. Ordne sie den Texten zu.*

A – Selbstüberschätzung und Prahlerei machen unvorsichtig.

B – Wer sich überschätzt, wird zum Gespött seiner Umwelt.

C – Dummheit wird bestraft.

D – Wer anderen in der Not hilft, erhält nicht immer den verdienten Lohn.

E – Auch ein Starker kann auf die Hilfe eines Schwachen angewiesen sein.

F – Wer anderen schaden will, schadet oft sich selbst.

G – Manchmal ist es klug, seine Meinung nicht zu sagen und zu schweigen.

H – Wer sich für überschlau hält, kann leicht in Gefahr geraten.

I – Mancher ist nie zufrieden mit dem, was er hat.

4. *Aus welcher der beiden folgenden Kurzfassungen ließe sich gut eine Fabel schreiben? Begründe deine Entscheidung.*

A. *Der Wolf hatte einen Knochen quer im Hals sitzen. Als ein Reiher ihn davon befreit hatte, sagte der Wolf, er könne sich freuen, dass er nicht gefressen worden sei. Das sei die Belohnung.*

B. *Ein Wolf hatte einen Knochen quer im Hals sitzen. Als ein Reiher ihn von dem Knochen befreit hatte, bedankte sich der Wolf und beschenkte ihn zur Belohnung.*

5. *Schreibe die Fabel auf und füge eine Lehre dazu. (Bedenke, warum der Reiher diese gefährliche Aufgabe übernommen haben könnte.)*

KAPITEL 4

BASTELN LEICHT GEMACHT

Papier herstellen

A. Was man braucht:

- eine Zeitung
- Schüssel mit handwarmen Wasser
- Mixer oder Pürierstab
- flaches Drahtsieb oder Fliegengitter
- Tacker oder Reißzwecken
- dicke Pappe (etwa DIN-A4)
- zwei Holz- oder feste Papprahmen (ca. 16 x 16 cm)
- Saugfähiges Papier und feinen Schwamm (etwa DIN-A4 groß)

B. Arbeitsschritte

1. Hefte ein Fliegengitter auf den einen Holzrahmen (mit Tacker oder Reißzwecken)
2. Zerreiße etwa einen Bogen Zeitungspapier und gib die Schnipsel in die Schüssel mit dem handwarmen Wasser (etwa 6–7 Tassen). Verarbeite die Schnipsel mit Mixer oder Pürierstab zu feinem Brei.
3. Halte den Rahmen mit dem Fliegengitter nach oben, lege auf diesen Rahmen den leeren, gleichgroßen Rahmen (das Fliegengitter befindet sich zwischen beiden Rahmen wie die Scheibe Wurst zwischen zwei Brötchenhälften). (Abb. 1)

4. Verteile nun in dem oberen Rahmen eine dünne Schicht des Breis.

5. Wenn das Wasser nach unten durch das Sieb abgelaufen ist, hebe den oberen Rahmen ab. (Abb. 2)

6. Nun legst du ein saugfähiges Papier auf die Breimasse und trocknest sie dann mit einem Schwamm ab.
7. Danach drehst du das Sieb um und legst die Breifläche zwischen zwei Blatt saugfähiges Papier (z. B. Küchenrolle). (Abb. 3)

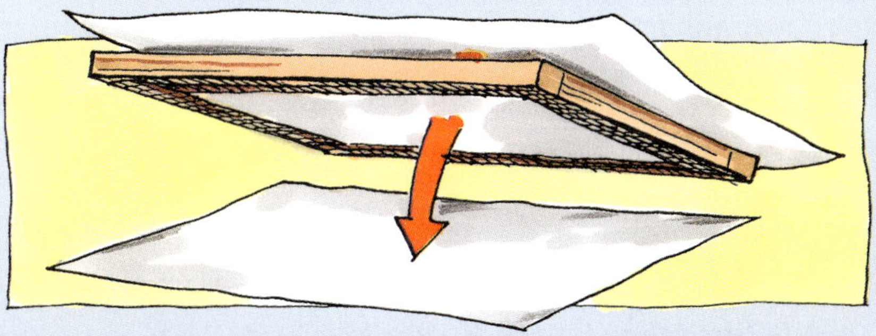

8. Darauf legst du die dicke Pappe und presst den Rest des Wassers heraus.
9. Anschließend lässt du das nun entstandene Papier ein paar Stunden auf einer Zeitung trocknen.
10. Zum Schluss kannst du es auch zwischen zwei saugfähigen Papierseiten trockenbügeln.
    Nun hast du ein neues Blatt Papier hergestellt.

C. Ergänzungen

Wenn du dem Papierbrei (Arbeitsschritt 2) Farbe beimischt, erhältst du farbiges Papier. Als Farbe eignet sich Wandfarbe, Tuschkastenfarbe, Lebensmittelfarbe.

1. *Wozu könnte man ein solches Papier verwenden?*

2. *Aus welchen Teilen besteht diese Bastelanleitung?*

3. *Wie sind die Arbeitsschritte aufgebaut?*

4. *Wozu sind einzelne Abbildungen und Skizzen hilfreich?*

5. *Wer wird in der Bastelanleitung angesprochen?*

6. *Kennst du noch andere Formen der Anrede?*

7. *Schreibe den ersten Arbeitsschritt mit den verschiedenen Anredemöglichkeiten auf.*

Lösungen zu S. 48:

1. Man könnte etwas Schönes draufschreiben oder malen und es dann verschenken.
2. A: Was man braucht
   B: Arbeitsschritte
   C: Ergänzungen
3. nach dem zeitlichen Ablauf
4. Man kann sich die Arbeitsschritte besser vorstellen.
5. der Leser mit „du“
6. man, Sie, Ihr, ich
7. – Hefte ein Fliegengitter auf einen Holzrahmen.
   – Du musst ein Fliegengitter auf einen Holzrahmen heften.
   – Zunächst hefte ich ein Fliegengitter auf einen Holzrahmen.
   – Man muss zunächst ein Fliegengitter auf einen Holzrahmen heften.
   – Fliegengitter auf Holzrahmen heften.

Lösungen zu S. 49:

8. nun, wenn, danach, darauf, anschließend, zum Schluss
9. handwarmen Wasser; feinem Brei; leeren, gleichgroßen Rahmen; dünne Schicht, saugfähiges Papier; dicke Pappe; farbiges Papier
10. um Fehler und Missverständnisse zu vermeiden

8. *Schreibe die Begriffe/Adverbien heraus, die in der Bastelanleitung einen zeitlichen Ablauf kennzeichnen.*

9. *In dem Text sind viele treffende Adjektive enthalten* (z. B. lauwarmes Wasser). *Schreibe sie heraus.*

10. *Warum sollte man bei der Adjektivauswahl auf Genauigkeit achten?*

Das hast du gelernt:

- *Wenn du eine Bastelanleitung schreibst, musst du zunächst eine Liste mit den notwendigen Materialien und Werkzeugen anlegen.*
- *Die Arbeitsschritte müssen in der Reihenfolge des Arbeitsvorgangs dargestellt werden.*
- *Zeitadverbien (zuerst, dann, darauf, ...) helfen die Abfolge zu verdeutlichen.*
- *Die Bastelanleitung kann in der „Man"-, „Ich"- oder „Du"-Form abgefasst werden.*
- *Die einzelnen Arbeitsschritte sollten nummeriert oder in Absätzen dargestellt werden.*
- *Kleine Skizzen oder Abbildungen unterstützen die Vorstellung.*
- *Ergänzungen können Tipps und zusätzliche Anregungen enthalten.*

AUF DIE REIHENFOLGE KOMMT ES AN

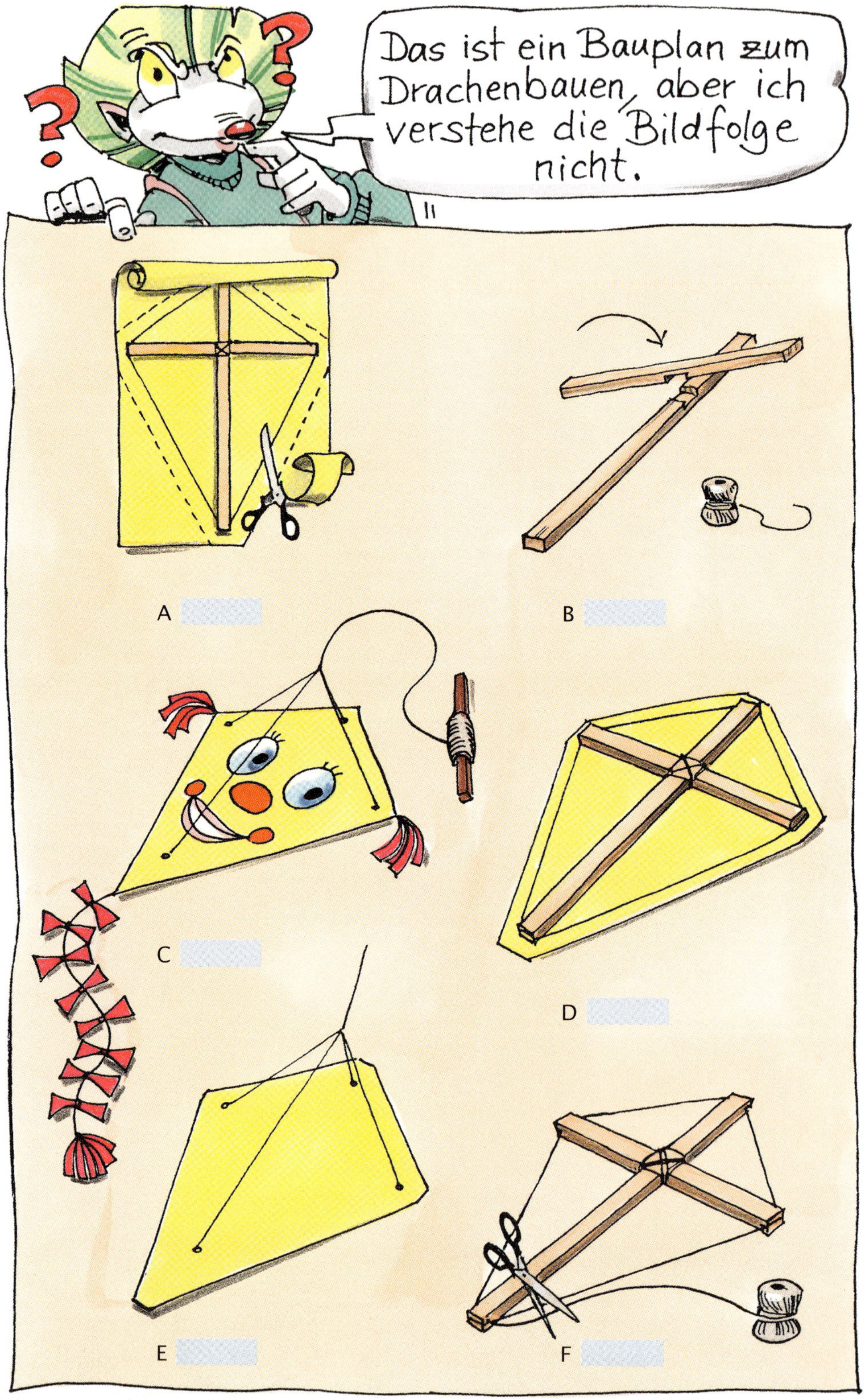

Lösungen zu S. 51:

1. B 1 / F 2 / A 3 / D 4 / E 5 / C 6
2. zu B
3. Drachenschnur auf Rolle
   Band
   Krepppapier
   Farbstifte
   Schere
   Kleber oder Klebeband
4. damit die Größenverhältnisse stimmen
5. Wo und in welchen Abständen die Haltebänder verknotet werden.

1. *Ordne die Abbildungen in die richtige Reihenfolge. (Schreibe die entsprechenden Ziffern hinter die Buchstaben.)*

A / B / C / D / E / F

2. *Zu welcher Abbildung gehört dieser vergrößerte Ausschnitt?*

3. *Schreibe auf, welche Materialien und Werkzeuge man benötigt.*

- Holzleisten (3 x 0,5 cm)
- Wachspapier oder Packpapier

4. *Warum müssen bestimmte Längen- und Größenangaben ziemlich genau sein?*

5. *Welche Angaben müssen in dieser Bastelanleitung genau sein?*

Lösungen zu S. 52:

6. Material und Werkzeuge; alles was man braucht
7. Zuerst legst du die Bespannung (z. B. Plastikfolie oder einen Abfallsack) in den zugeschnittenen Maßen auf den Boden.
   Dann legst du die Rundhölzer (Länge 90 cm) im Abstand von 40 cm parallel nebeneinander auf die Folie, sodass die Enden mit den Ecken der Folie abschließen.
   Daraufhin verklebst du die Rundhölzer in den Ecken und auf der Folie mit Klebeband.
   Mit einem scharfen Messer (Tapeziermesser) schneidest du nun ein dreieckiges Loch in die Folie, damit die Flugstabilität verbessert wird.
   Dann musst du die beiden Befestigungspunkte für die jeweils 1,5 Meter langen Waageschnüre mit Klebeband verstärken und die Schnüre danach durch die Löcher ziehen und verknoten. Zum Schluss musst du die Plastikstreifen an den Stabenden und die Drachenleine (20–30 Meter lang) an den Waageschnüren befestigen. Fertig!

Lösungen zu S. 53:

8. Nun musst du jeweils ein Loch durch die verstärkten Stellen stechen und auf beiden Seiten eine etwa 1,5 m lange Schnur befestigen. Diese beiden Schnüre verknotest du dann miteinander. Du musst aber darauf achten, dass sie gleich lang sind, sonst steht der Drachen schief oder stürzt sogar ab.
9. farbige Gestaltung, ein Gesicht aufmalen, einen Schwanz anhängen …

6. *Für diesen Schlittendrachen soll eine Bastelanleitung geschrieben werden. Was musst du als Erstes notieren?*

7. *Schreibe nun die Arbeitsschritte in der „du-Form" auf. Gebrauche vollständige Sätze. Verwende unterschiedliche Zeitadverbien und das Präsens.*

Zuerst legst du die Bespannung (z. B. Plastikfolie oder einen Abfallsack) in den zugeschnittenen Maßen auf den Boden.

Dann …

TIPP:

Bei manchen Arbeitsschritten ist es wichtig eine Begründung abzugeben, damit die Anweisung besonders gründlich und richtig ausgeführt wird. (Z. B.: Die beiden Schnüre müssen gleich lang sein, damit der Drachen keine Schieflage bekommt und abstürzt.)

8. *Formuliere diesen Textteil entsprechend um.*

Befestigungspunkte A und B mit Klebestreifen verstärken *(Warum?)*. Dann zwei 1,5 Meter gleich lange Schnüre darin befestigen und diese dann mit der Drachenschnur verknoten.

Anschließend verstärkst du die Befestigungspunkte A und B mit festem Klebestreifen, weil der Drachen sonst abreißt.

9. *Was könntest du dir für diesen Drachen als Ergänzung vorstellen? (zusätzliche Arbeitsschritte, siehe Beispiel C auf Seite 47)*

Lösungen zu S. 54:

10. ▪ Leere Schachtel mit Sand füllen.
▪ Gieße so viel Wasser dazu, dass der Sand feucht wird.
▪ Mulde in den Sand graben (etwa so groß wie ein Apfel).
▪ 3 Finger in die Mulde stecken, sodass sie noch 3 zusätzliche Vertiefungen bekommt.
▪ Paraffin in heißem Wasserbad schmelzen.
▪ Buntstiftstückchen (zum Färben) in das heiße Wasserbad geben.
▪ Geschmolzenes Wachs in Mulde gießen.
▪ Mit Zahnstocher oder dünnem Stift ein Loch in die Mitte stechen.
▪ Docht in Loch stecken und etwas warmes Wasser nachgießen, damit der Docht fest eingeschlossen wird.
▪ Wenn das Wasser kalt ist, Kerze aus dem Sand herausnehmen.
▪ Kerzenhärter zum Wachs dazugeben, wenn man will, dass die Kerze länger und besser brennt. (185 g Stearinsäure auf 1 Pfund Paraffin)
11. Kerzengießen

Lösungen zu S. 55:

12. Lösung siehe S. 91
13. Kerzenhärter zum Wachs dazugeben, ...
14. Ein Holzstäbchen über die Mulde legen, Docht daran befestigen und senkrecht in die Mulde hängen lassen. Dann erst das geschmolzene Wachs in die Mulde gießen. (siehe Zeichnung auf Seite 55)
15. Schachtel, Schuhkarton oder Keksdose; heißes und kaltes Wasser; feiner Sand; Paraffin; Buntstiftstückchen; Zahnstocher oder dünnen Stift; evtl. Stearinsäure; Dochte

10. *Die folgende Bastelanleitung ist durcheinander geraten. Bringe die Arbeitsschritte in die richtige Reihenfolge.*

- Buntstiftstückchen (zum Färben) in das heiße Wasserbad geben.
- Mulde in den Sand graben (etwa so groß wie ein Apfel).
- Wenn das Wasser kalt ist, Kerze aus dem Sand herausnehmen.
- Geschmolzenes Wachs in Mulde gießen.
- Leere Schachtel mit Sand füllen. 1
- Docht in Loch stecken und etwas warmes Wasser nachgießen, damit der Docht fest eingeschlossen wird.
- Kerzenhärter zum Wachs dazugeben, wenn man will, dass die Kerze länger und besser brennt. (185 g Stearinsäure auf 1 Pfund Paraffin)
- 3 Finger in die Mulde stecken, sodass sie noch 3 zusätzliche Vertiefungen bekommt.
- Mit Zahnstocher oder dünnem Stift ein Loch in die Mitte stechen.
- Paraffin in heißem Wasserbad schmelzen.
- Gieße so viel Wasser dazu, dass der Sand feucht wird.

11. *Finde eine Überschrift für diese Bastelanleitung.*

12. *Schreibe die Anleitung in der richtigen Reihenfolge auf. Benutze die „du"-, „ich"- oder „man"-Form. Verwende auch Adverbien, die eine zeitliche Reihenfolge angeben.* (zuerst, dann, danach, nun, ...)

13. *Welcher der Arbeitsschritte könnte als Ergänzung gedacht sein? Formuliere entsprechend.*

14. *Das Einsetzen des Dochtes könnte Schwierigkeiten bereiten. Hättest du eine bessere Idee? Formuliere.*

15. *Zu dieser Bastelanleitung fehlt noch eine Zusammenstellung des Materials. Schreibe eine solche Liste auf.*

Für die Abbildung B auf Seite 50 haben Schülerinnen und Schüler unterschiedliche Formulierungen gefunden.

Christian: Die zwei Stöcker werden zu einem Kreuz zusammengebunden.

Simone: Lege die kürzere Holzleiste (50 cm) bei 75 cm quer auf die längere Holzleiste (100 cm), sodass ein Kreuz entsteht. Verknote oder verklebe die beiden Leisten fest.

André: Die beiden Leisten werden fest verschraubt, sodass sie wie ein Grabkreuz auf dem Friedhof aussehen.

1. *Welche Formulierung findest du am verständlichsten? Warum?*

Der Bügelbohrer

Schneide oder säge dir von einer Holzleiste (?) ein Stück (?) ab und bohre an dem einen Ende ein Loch für einen Stahlstift (?). Der Stahlstift wird in dem Loch verleimt (?) und seine Spitze geschärft. Dann suchst du dir ein Stück hartes Holz oder einen ausgehöhlten Stein, um die Bohrstange damit gerade zu halten. Schraube nun den Haken von einem hölzernen Kleiderbügel ab und bohre in die Enden des Bügels jeweils ein Loch. Nun schlingst du einen schmalen Riemen um die senkrecht stehende Bohrstange, steckst die Enden durch die Löcher und verknotest sie dann, damit sie nicht herausrutschen können. Nun kannst du bohren, indem du den Bügel wie eine Säge hin- und herbewegst.

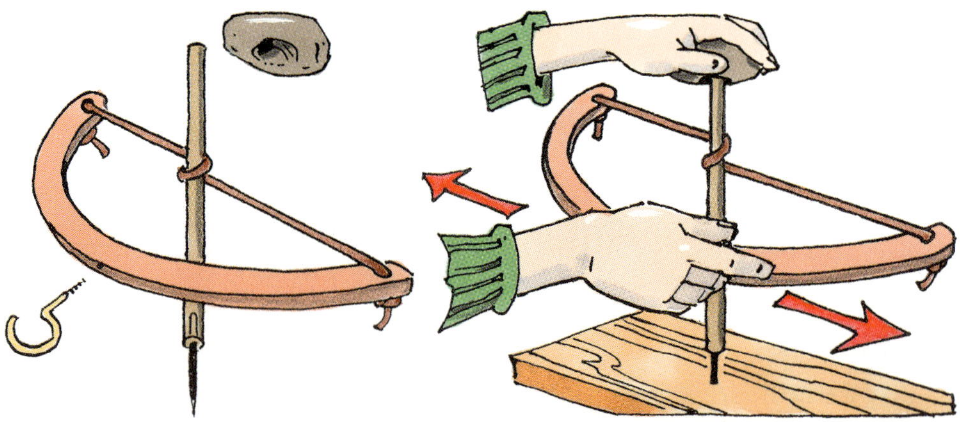

Lösungen zu S. 56:

1. Simone schreibt am sachlichsten und genauesten.

Lösungen zu S. 57:

2. An einem Ende der Holzleiste etwa 3–4 cm tief hineinbohren (Bohrerstärke etwa entsprechend Nagelstärke). Stahlstift einsetzen (Spitze nach außen) und verleimen.
3. Wie kann man mit einem Stein oder harten Holz die Bohrstange gerade halten? Bohrstange wird senkrecht auf den Boden gestellt und mit der anderen Hand setzt man die Vertiefung in dem Holz oder dem Stein auf das Ende der Bohrstange. So hält man die Stange fest und sie kann sich trotzdem gut um ihre Längsachse drehen.

2. *Bei der Anleitung für den Bügelbohrer fehlen an einigen Stellen genauere Angaben. Diese Stellen sind mit Fragezeichen gekennzeichnet. Versuche die Fragezeichen zu klären, indem du die Angaben genauer, vorstellbarer formulierst.*

Dicke der Holzleiste, Form (rund oder eckig): Runde Holzleiste (fingerdick und etwa 50 cm lang)

Nagel: etwa 6 cm lang, Kopf absägen

3. *Welche Angaben sind dir noch unklar?*

4. *Schreibe die Bastelanleitung überarbeitet auf.*

Ein Bügelbohrer (oder Bogenbohrer) wurde früher von primitiven Kulturen verwendet um Löcher zu bohren oder Feuer zu machen.

Du brauchst dazu:

– einen Holzbügel

– …

In einer guten Bastelanleitung werden die Materialien, Werkzeuge und Arbeitsschritte genau und treffend benannt.

5. *Schreibe mindestens für 6 Werkzeuge den richtigen Fachbegriff auf.*

Lösungen zu S. 58:

5. Kombizange, Spiralbohrer, Kreuzschrauber, Kneifzange, Kreuzschraube, Holzleim, Wasserpumpenzange, Laubsäge, Fuchsschwanz, Seitenschneider, Papierschere

Lösungen zu S. 59:

6. Papier: Fotokarton, Paketpapier, Wellpappe
   Holz: Sperrholz, Spanplatte, Tischlerplatte, Hartholz, Weichholz
   Stoffe: Loden, Wollstoff, Drillich, Leinen, Seide, Schleifenband, Baumwolle, Filz
   Draht: Kupferdraht, Maschendraht, Blumendraht, Lötdraht, Klingeldraht
   Farben: Lack, Beize, Aquarellfarben, Ölfarben, Fingerfarben, Deckfarben
7. Diese Sätze musst du streichen:
   Gestern habe ich mir ein Knallkissen angefertigt, um die Biologiestunde etwas interessanter zu machen.
   Das ging doch schon ganz gut, oder?
   Ist doch nicht schwer.
   Ja, wie geht es weiter – ach ja.
   Alles klar?

6. *Welche genaueren Begriffe kennst du für die folgenden Bastelmaterialien?*

- Papier/Pappe: Buntpapier, Transparentpapier, Tonpapier, …
- Holz:
- Stoffe:
- Draht:
- Farben:

7. *Streiche die Wörter und Sätze durch, die in diesen Teil einer Bastelanleitung nicht hineingehören.*

Gestern habe ich mir ein Knallkissen angefertigt, um die Biologiestunde etwas interessanter zu machen. Du musst dazu ein rechteckiges Blatt Papier vor dich hinlegen und ein Drittel des Blattes nach oben falten, das andere Drittel nach unten. Das ging doch schon ganz gut, oder? Jetzt musst du das linke und das rechte Ende des „Papierschlauches“ hochklappen. Ist doch nicht schwer. Ja, wie geht es weiter – ach ja. Die beiden Ränder des Schlauches musst du ineinander stecken. Alles klar?

Das hast du gelernt:
- *Der richtige Gebrauch genauer Bezeichnungen und Fachbegriffe hilft Missverständnisse und Fehler zu vermeiden.*
- *Eine Bastelanleitung ist keine Geschichte. Vermeide also Sätze, die mit der direkten Herstellung eines Gegenstandes oder mit einer Anleitung nichts zu tun haben (z. B. wörtliche Rede, Gedanken, Gefühle).*

TIPP:

Damit die verschiedenen Handgriffe auch richtig angewendet werden, hilft das treffende Verb. Hier ist eine lange Liste, die du noch erweitern kannst:

falten, zusammenkleben, schneiden, bemalen, absägen, aufkleben, zeichnen, verknoten, einspannen, einkleben, glatt hobeln, verzieren, halbieren, löten, entfernen, abrunden, zuschrauben, aufdrehen, verbinden, bohren, dübeln, eingipsen, ...

8. *Schreibe weitere Verben auf. (Sieh dir auch die Anleitungen in diesem Kapitel an.)*

9. *Suche Oberbegriffe, denen man die Verben zuordnen kann.*
– Lege eine entsprechende Tabelle an und schreibe die Verben hinein.
– Du kannst auch verschiedene Karteikarten dafür benutzen.

Materialien: Holz (verleimen, absägen, ...), Stoff (nähen)

10. *Ersetze in den folgenden Sätzen das Verb „machen" durch einen treffenden Ausdruck. Manchmal muss man den Satz etwas umstellen.*

- Am Ende der Leiste machst du ein Loch von 5 mm Durchmesser.
- Mit einer Schraube machst du das Rädchen fest.
- Dann machst du einen Haken an das Band.
- Zuerst macht man den Stoff glatt und dann macht man ein Loch in die Mitte.
- Mache zunächst den oberen Teil ab und mache dann das Kerngehäuse heraus.

Lösungen zu S. 60:

10. Am Ende der Leiste bohrst du ein Loch von 5 mm Durchmesser.
Mit einer Schraube drehst du das Rädchen fest.
Dann knotest du einen Haken an das Band.
Zuerst glättet man den Stoff und dann sticht man ein Loch in die Mitte.
Schneide zunächst den oberen Teil ab und kratze dann das Kerngehäuse heraus.

Lösungen zu S. 61:

11. zeichne, sägst, bohrst, bohrst, schneidest, ziehst, machst, führst, verknotest, steckst, befestigst, ziehst, hochklettert, rutscht
12. Du glättest die Kanten mit Schmirgelpapier.
Du verleimst die Kanten mit Tischlerleim.

11. *Ergänze die passenden Verben.*

_______ auf das Holz eine Figur. Die Figur soll die Arme und Beine hochhalten, damit sie später hochklettern kann. Diese Figur _______ du mit der Laubsäge aus. Dann _______ du in die Hände oder Pfoten Löcher. Ebenso _______ du in die Haltestange drei Löcher, zwei an den Seiten und eins direkt in der Mitte. Nun _______ du dir die Kletterschnüre zu, etwa 12–13 cm lang. Durch das mittlere Loch der Haltestange _______ du eine Schlinge von oben nach unten und _______ einen dicken Knoten, damit sie nicht wieder herausrutschen kann. Von der unteren Seite der Stange her _______ du nun rechts und links die Kletterschnüre durch und _______ die Enden. Dann _______ du die Schnüre nur durch die Handlöcher deiner Figur und _______ unten die Perle oder den Knopf, damit nicht alles wieder herausfällt.

Nun wird geklettert: Du _______ nun abwechselnd an den Schnüren, rechts und links und du wirst sehen, wie deine Figur an den Schnüren _______. Lässt du locker, dann _______ sie wieder herab.

12. *Verbinde die Sätze, indem du passende Verben verwendest.*

Du machst eine breite Kerbe. Du schneidest mit dem Messer in die Holzleiste.

Du schneidest mit dem Messer eine Kerbe in die Holzleiste.

Du machst die Kanten glatt. Du reibst die Kanten mit Schmirgelpapier glatt.

Du glättest …

Du machst die Kanten fest. Du klebst die Kanten mit Tischlerleim.

Adverbien und Konjunktionen helfen beim Schreiben von Anleitungen. Mit ihrer Hilfe werden Texte genauer.
So weißt du bei **nachdem** zum Beispiel, dass dieser Arbeitsschritt zunächst abgeschlossen sein muss, bevor der nächste beginnt.

13. *Ersetze im folgenden Text das Adverb* dann *durch andere Adverbien, die den Zeitablauf verdeutlichen. Die Adverbien im Kasten helfen dir dabei.*

zunächst, als Erstes, zuerst, dann, danach, als Nächstes, nachdem, jetzt, nun, inzwischen, daneben, während, kurze Zeit später, zuletzt, als Letztes, zum Schluss, abschließend, daraufhin

Die Zaubertüte
Du musst ein DIN-A4-Blatt hochkant vor dich hinlegen. Dann musst du auf der Hälfte eine Querlinie ziehen. Dann musst du die linke Ecke bis zur Mittellinie rechts klappen. Dann machst du dasselbe auf der oberen Hälfte, indem du die rechte Ecke nach links zur Mitte klappst. Dann klappst du die obere linke Ecke zur rechten Mittelecke. Dann klappst du die Mittelspitze nach unten über die Mitte. Dann klappst du die rechte untere Ecke (Spitze) nach links in die geöffnete Tüte.

Nicht nur **Bastelanleitungen,** sondern auch **Zaubertricks,** z. B. mit Spielkarten müssen in übersichtliche Arbeitsschritte aufgeteilt werden, damit man sie versteht.

Lösungen zu S. 62:

13. Z. B.:
Als Erstes musst du ein DIN-A4-Blatt hochkant vor dich hinlegen. Dann musst du auf der Hälfte eine Querlinie ziehen. Danach musst du die linke Ecke bis zur Mittellinie rechts klappen. Daraufhin machst du dasselbe auf der oberen Hälfte, indem du die rechte Ecke nach links zur Mitte klappst. Als Nächstes klappst du die obere linke Ecke zur rechten Mittelecke. Jetzt klappst du die Mittelspitze nach unten über die Mitte. Als Letztes klappst du die rechte untere Ecke (Spitze) nach links in die geöffnete Tüte.

Lösungen zu S. 63:

1. Lösung siehe S. 91
2. Lösung siehe S. 91
3. Ergänzung durch eine kleine Skizze

Der Trick mit der Leitkarte

Das ist dir bestimmt auch schon einmal passiert: Du musstest eine Karte ziehen (und nur du durftest sie sehen), legtest sie zurück auf den Kartenstapel, es wurde abgehoben und gemischt und trotzdem konnte der „Zauberer" sagen, welche Karte es gewesen war. Dabei ist die Lösung ganz einfach. Die Leitkarte ist eine nur dir bekannte Karte des Spiels, in deren unmittelbare Nähe die vom Zuschauer gezogene Karte gebracht werden muss. Klingt schwierig, ist aber ganz einfach. Die Leitkarte ist die unterste Karte im Spiel, die man leicht unbemerkt einsehen kann. Nachdem der Zuschauer seine Karte gezogen und angesehen hat, legt er sie oben auf das Spiel. (Die gezogene, unbekannte Karte ist also die von oben gesehen erste, die dir bekannte Leitkarte die letzte.) Wie kommt nun die letzte auf die erste? Ganz einfach: durch Abheben.
Der Zuschauer hebt einen beliebigen Teil der Karten ab und legt den unteren Rest auf den abgehobenen Teil. Das ist in der Regel so üblich. Dadurch wurde die Leitkarte auf die unbekannte, gezogene Karte gelegt und beide befinden sich nun irgendwo im Spiel. Selbst beim Mischen ist die Gefahr gering, dass sie getrennt werden. Wenn du nun die Karten auffächerst und die Leitkarte gefunden hast, weißt du, dass die Karte unmittelbar davor die gesuchte ist. Das Erscheinen der Karte solltest du aber etwas „geheimnisvoll" hinauszögern, damit die Spannung und Verblüffung größer sind. Du wirst sehen, man wird dich als großen Künstler verehren.

1. *In diesem Text sind einige Sätze enthalten, die überflüssig und unsachlich sind. Streiche sie durch.*

2. *Schreibe die Anleitung für den Trick mit der Leitkarte. Achte darauf, dass Absätze die einzelnen Anweisungsschritte gliedern.*

3. *Ist die Sache mit dem Abheben verständlich? Wie könntest du diesen Schritt ergänzen?*

BESCHREIBEN

KAPITEL 5

Lösungen zu S. 64:

1. Fahrradmarke, hinteres Schutzblech schwarz, Damenfahrrad, Hollandradlenker, Hildesheimer Stadtwappen als Aufkleber auf vorderem Schutzblech, vier Speichenstrahler am Vorderrad, Kratzer am Lenker rechts, Kettenschutz eingebeult, Vorderreifen schwarz, Hinterreifen an den Seiten gelb
2. Mountainbike, Trekkingkrad, Rennrad, Tourenrad, ...

Lösungen zu S. 65:

3. a: Angaben, die das Fahrrad besonders vorteilhaft erscheinen lassen
   b: Das Interesse des Lesers soll geweckt werden.

   Verkaufe gut erhaltenes Jugendfahrrad!!
   24-er Fahrrad mit Kettenschaltung (21 Gänge), Sportlenker, Shitanko-Felgenbremsen vorn und hinten, gefederte Vordergabel, Teleskopsattelstütze, Reifen mit gut erhaltenen Geländeprofilen.
   Farbe: rot, sehr guter Gesamtzustand
   Umständehalber zu verkaufen, Preis Verhandlungssache
   Tel.: 03124/33107
4. hinteres Schutzblech schwarz, Aufkleber, Kratzer am Lenker rechts, Kettenschutz eingebeult, Vorderreifen schwarz, Hinterreifen an den Seiten gelb
5. Diese Angaben mindern den Gesamteindruck.

INFORMATIONEN RECHERCHIEREN UND VERARBEITEN

Rad ist nach drei Stunden zurück

(r/tr) Na, wenn das nicht schnell ging: Mittags meldete eine 20-Jährige ihr Rad bei der Innenstadtwache als gestohlen, drei Stunden später hatte sie es schon wieder zurück. Gegen 11.30 Uhr hatte die junge Frau das Rad in der Bernwardstraße abgestellt. Als sie eine halbe Stunde später weiterradeln wollte, war es verschwunden. Die 20-Jährige zeigte den Diebstahl sofort an. Und beschrieb dabei das Fahrrad ganz genau. Ihr Glück: Gegen 15 Uhr war der Polizist, der ihre Anzeige aufgenommen hatte, auf Streife in der Fußgängerzone unterwegs. Da fiel sein Blick auf einen Mann mit Rad, das dem Gestohlenen schon ziemlich ähnlich sah. [...]
Und tatsächlich: Selbst Kratzer und Aufkleber waren an der richtigen Stelle. Der 35-Jährige bekam eine Anzeige und die junge Frau ihr Rad zurück.

1. *Unterstreiche, welche Angaben dem Polizisten geholfen haben, das Fahrrad zu erkennen. (Die Angaben stehen so nicht im Text. Einige von ihnen wird die junge Dame vermutlich angegeben haben, um ihr unverwechselbares Fahrrad zu beschreiben. Welche könnten das wohl gewesen sein?)*

Fahrradmarke / Zwei Räder / Klingel / hinteres Schutzblech schwarz /Damenfahrrad / Hollandradlenker / Hildesheimer Stadtwappen als Aufkleber auf vorderem Schutzblech / Luftpumpe / vier Speichenstrahler am Vorderrad / Sattel / Kette / Tretlager / Kratzer am Lenker rechts / Kettenschutz eingebeult / Vorderreifen schwarz / Hinterreifen an den Seiten gelb / Felgenbremse vorn und hinten

2. *Welche Fahrradtypen kennst du?*

Hollandrad, ...

Okidoki will sein altes Fahrrad verkaufen, weil er Geld für den Kauf eines Rennrades braucht. Deshalb bietet er sein Fahrrad auf einem Zettel an, den er in einem Geschäft aushängt.

3. *Gestalte diesen Zettel für Okidoki.*

a) Welche Angaben sind wichtig?

b) Was sollen sie bewirken?

4. *Welche Angaben aus Aufgabe 1 würdest du in einem Verkaufsangebot nicht erwähnen?*

5. *Warum ist das so?*

6. *Zwei Schüler der 6. Klasse vermissen ihr Englischbuch. Beide gehen zum Hausmeister, bei dem eins abgegeben worden ist. Wie werden sie ihr Buch beschreiben? Denke dir ein Beispiel aus.*

7. *Worauf kommt es bei der Beschreibung eines Gegenstandes an, wenn jemand ihn wieder finden soll?*

Das hast du gelernt:
Genaues Beschreiben kann unterschiedlich ausfallen – und doch richtig sein. Wie und was man genau beschreibt, hängt davon ab, was man mit der Beschreibung erreichen will.

8. *Stelle einmal zusammen, was man beschreiben kann und wozu man die Beschreibung benötigt.*

Ich beschreibe …

mein Fahrrad	weil ich es verkaufen will
mein Fahrrad	weil ich es wieder finden will
mein Zimmer	weil mein Brieffreund wissen soll, wie ich wohne

Lösungen zu S. 66:

6. Z. B.: Auf der Innenseite vorn ist mein Namensstempel mit der Adresse. Im Kapitel 5, ungefähr in der Mitte, sind ein paar Seiten fleckig, weil mir eine Kakaoflasche ausgelaufen ist.
7. Es müssen Besonderheiten angeben werden, die den Gegenstand aus der Masse gleich aussehender herausheben.

Lösungen zu S. 67:

9. Die genaue Angabe in Metern fällt bei verschiedenen Menschen unterschiedlich aus, weil sie unterschiedlich große Schritte machen. Meterangaben kann man sich schlechter merken als z. B. Geschäfte, die am Weg liegen. Die Beschreibung von Robert ist umständlich formuliert.
10. Z. B.: Du fährst zuerst am Wall entlang bis zum Wasserturm. Dort biegst du rechts in die Burgtor-Straße ein. Die Straße fährst du ganz durch. Am Ende biegst du links ab in den Neustädter Damm. Nach kurzer Zeit kommst du an einen Kreisel. Dort nimmst du die 2. Ausfahrt, das ist die Verlängerung vom Neustädter Damm. Die nächste große Straße links ist schon die Stadionallee. Sie führt direkt zum Waldstadion.

9. *Warum wird Okidoki wahrscheinlich nicht am Bahnhof ankommen?*

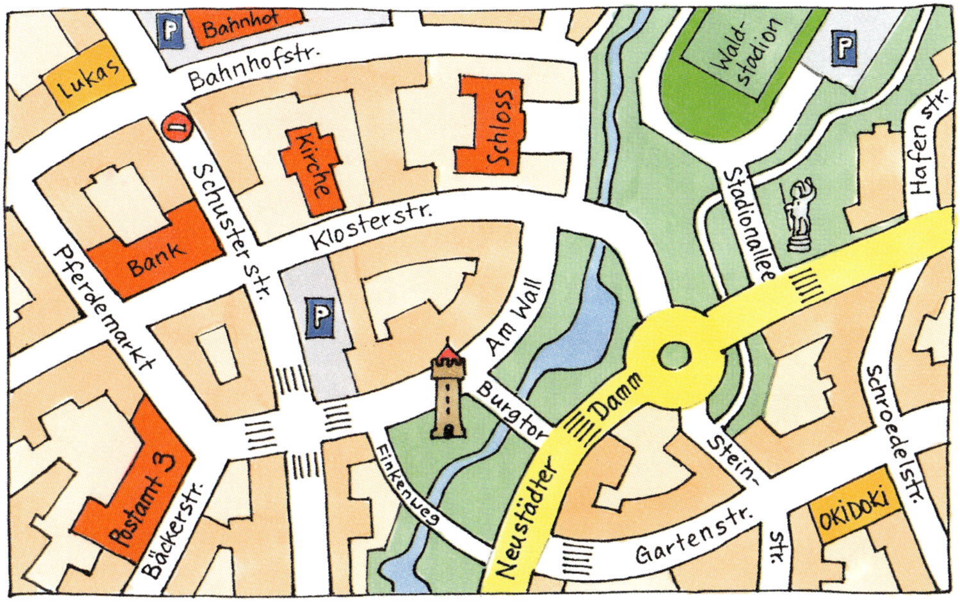

10. *Beschreibe Sophie, wie sie mit dem Fahrrad am besten vom Postamt 3 zum Waldstadion kommt. Du solltest dabei auffällige Gebäude und Straßenabschnitte benutzen.*

11. *Lukas wohnt in der Bahnhofstraße/Ecke Schusterstraße und will OKiDOKi besuchen. Beschreibe Lukas' Weg. (Hilfreich ist es sicher, wenn du auffällige Punkte nennst, an denen er vorbeikommen muss.)*

So hat Erik seinen Schulweg beschrieben:
„Wenn ich aus der Haustür trete, gehe ich etwa 100 m nach links. Dann gehe ich über einen Zebrastreifen nach rechts und nach 50 m wieder nach links. Dann gehe ich 200 m bis zur Ampel. Wenn ich die überquert habe, muss ich 20 m nach links gehen und dann nach rechts. Nach 300 m geradeaus stehe ich vor unserer Schule. Der gesamte Weg dauert 15 Minuten."

12. *Warum ist diese Beschreibung zwar genau, aber uninteressant und für einen Uneingeweihten schlecht zu merken?*

TIPP:

Gebäude, die man sich gut merken kann sind z. B. Polizei, Bahnhof, Kirche, Kiosk, Denkmal, Tankstelle, Schule, Supermarkt ...
Straßenabschnitte, die weiterhelfen sind z. B. Unterführungen, Straßenbahnschienen, Zebrastreifen, Ampeln, Parkplätze, Parks ...

Lösungen zu S. 68:

11. Z. B.: Lukas muss die Schusterstraße entlang gehen bis er auf der rechten Seite eine große Bank sieht. Dort geht links die Klosterstraße ab. Die muss Lukas ganz durchgehen, bis er an den Kreisel vom Neustädter Damm kommt. Gegenüber, auf der anderen Seite des Kreisels, geht die Steinstraße ab. Sie führt auf die Gartenstraße, in die Lukas links einbiegen muss. OKiDOKi wohnt in der Gartenstraße/Ecke Schroedelstraße.
12. Sie enthält zu viele Zahlenangaben und Richtungswechsel.

Lösungen zu S. 69:

1. A – Rätsel
   B – Beschreibung zum Wiederfinden
2. Beschreibung A ist allgemein und trifft auf viele gleiche Wecker zu, Beschreibung B trifft nur auf einen Wecker zu.
3. Rätsel
   (Es handelt sich um eine Taschenlampe.)

A Der Gegenstand hat die Form eines Quaders. Die Breite beträgt etwa 20 cm, die Höhe etwa 4 und die Tiefe ungefähr 12 cm. Er ist aus schwarzem Kunststoff und sieht so aus, als ob ein dickes Buch auf der Seite liegen würde. Auf der Oberfläche sind verschiedene Druckknöpfe zu sehen, einer davon ist rot. Die übrige Fläche enthält Hunderte von stecknadelkopfgroßen Löchern. Vorn kann man auf einer durchsichtigen Skala nebeneinander angeordnet Zahlen erkennen. Rechts an der Seite befinden sich zwei geriffelte Stellräder. Der Gegenstand wird mit Strom versorgt.

B Mein Wecker ist schon alt. Er hat ein rundes, hellgrünes Blechgehäuse. Oben neben einem Tragegriff befindet sich eine kleine Beule und die grüne Farbe ist mehrfach zerkratzt. Von der 9 bis quer zur 3 zieht sich ein Sprung auf der Glasscheibe. Zifferblatt und Zeiger enthalten Phosphoranteile, damit man die Zeit auch im Dunkeln ablesen kann. Der Sekundenzeiger über der 6 ist zwar abgebrochen, aber der Wecker tickt ziemlich laut.

1. *In beiden Texten wird ein Gegenstand beschrieben, aber die damit verbundene Absicht ist unterschiedlich. Welche Absicht verfolgt Text A, welche Text B?*

Text A

Text B

2. *Worin unterscheidet sich Text A von Text B?*

Mein Gegenstand ist aus schwarzem Kunststoff, rund, dick wie ein Staubsaugerrohr und ca. 25 cm lang. An einem Ende befindet sich eine Schraubkappe, die man abdrehen kann. Innen ist der Gegenstand hohl. Das andere Ende wird etwas breiter und ist ebenfalls zum Abschrauben. Abgeschlossen ist diese Seite des Gegenstandes mit einer durchsichtigen Plexiglasscheibe. An der Seite des Rohres befindet sich ein Schiebeschalter.

3. *Mit welcher Absicht wird dieser Gegenstand beschrieben?*

Ihr habt euch vor der Schule zu einem Unterrichtsgang versammelt. Klaus hat etwas im Klassenraum vergessen und du bittest ihn, dir bei der Gelegenheit das Brillenetui aus deinem Rucksack mitzubringen. Etwa 12 Mitschüler haben den gleichen Rucksack und Klaus weiß nicht, welcher dir gehört.

4. *Beschreibe deinen Rucksack.*

5. *Welches Problem musstest du lösen?*

6. *Schreibe auf, warum eine Beschreibung manchmal schnell dazu führt, einen Gegenstand herauszufinden.*

7. *Ohne Fachausdrücke wird das Beschreiben bestimmter Gegenstände unter Umständen etwas schwierig. Schreibe einmal Fachausdrücke für die folgenden Gegenstände auf.*

Computer: USB-Anschluss, Mousepad,

Musikanlage: Receiver, Boxen,

Auto:

Lösungen zu S. 70:

4. Z. B.: An meinem Rucksack hängt ein Flaschenöffner. Oben steht mit Kuli „Lena“ drauf.
5. Das wichtigste Unterscheidungsmerkmal nennen.
6. Das wichtigste Unterscheidungsmerkmal ist sofort für alle sichtbar.
7. Bildschirm, Tastatur, Disketten-Laufwerk; CD-Player, Radio, Lautstärkeregler; Katalysator, Marke, PS

Das genaue Beschreiben fällt leichter, wenn man bestimmte **Merkmale** hervorhebt.
So hat Svenja ihre Turnschuhe beschrieben:

Größe	Material	Form	Farbe	Besondere Kennzeichen
35	Leder/Nylon	kompakt/ dicke Sohle	weiß/blau	auf rechter Spitze steht mit schwarzem Filzstift SjM

8. *Denke dir verschiedene Gegenstände aus und schreibe die entsprechenden Begriffe in die Tabelle dazu.*

Das hast du gelernt:

*Bei der Beschreibung eines Gegenstandes geht es darum, ihn sich genau **vorstellen** zu können. Außerdem muss er von allen anderen, die ihm ähnlich sind, **eindeutig zu unterscheiden** sein.*
Folgende Merkmale solltest du beschreiben:
Größe – Material – Form – Farbe – besondere Kennzeichen
Überlege dir eine sinnvolle Reihenfolge. Verwende möglichst genaue Bezeichnungen. Schreibe im Präsens.

ENTWÜRFE VERBESSERN

Wenn man hereinkommt, befindet sich gleich rechts mein Kleiderschrank, in dem meine Hosen und Blusen hängen. In der letzten Woche habe ich mir eine tolle Jeans von „Remix“ gekauft. Dann steht daneben mein Schreibtisch mit einem Bücherbord darüber. Ich lese gerade den neuen „Harry-Potter“-Band. Wie findest du ihn? Gegenüber der Tür ist ein großes Doppelfenster mit einer Blumenbank davor. Darauf stehen ein paar Kakteen, die ich immer zu gießen vergesse. Links neben dem Fenster an der Wand steht mein Bett. Am Kopfkissen liegt meine Teddybärensammlung, die meine Mutter immer durcheinander bringt. Links neben dem Eingang steht eine Kommode, in der mein gesamter Krimskrams liegt. Natürlich habe ich auch ein paar Bilder. Mein Zimmer liegt ganz oben unter dem Dach. Eine Wand ist schräg. Einen Teppich habe ich auch.

1. *So hat Janina ihrer Brieffreundin Claudia ihr Zimmer beschrieben. Was gehört nicht in diese Beschreibung? Streiche durch.*

2. *Was könnte genauer beschrieben werden?*

3. *Ist es für Claudia interessant zu erfahren, dass Janina einen Schrank, Schreibtisch usw. hat, oder möchte sie vielleicht eher etwas anderes erfahren?*

Lösungen zu S. 72:

1. Lösung siehe S. 92
2. Bilder, Teppich, was auf dem Schreibtisch liegt, was für Bücher im Bord stehen, ...
3. Interessanter ist es sicherlich zu erfahren, was Janina so alles in ihrem Zimmer hat, z. B. bestimmte Kleinigkeiten und Besonderheiten.

Lösungen zu S. 73:

4. Beschreibung und Aktivitäten und Bewertungen
5. das Zimmer, der Park mit dem See (z. B. Vergleich mit Bekanntem), die Wasserskianlage

Sabine ist mit der Klasse in eine Jugendherberge gefahren. Nun beschreibt sie ihren Eltern ihren Aufenthaltsort und ein paar Aktivitäten:

Wir sind in einem großen Haus untergebracht, links die Jungen, rechts die Mädchen. Unser Zimmer finde ich nicht besonders gemütlich. Wir müssen uns im Waschraum waschen. Hinter dem Haus ist ein kleiner Park mit einem See. Boot fahren kann man auch. Gestern waren wir schwimmen und Wasserski fahren. Die Jungen haben Fußball gespielt. Abends haben wir ein Lagerfeuer gemacht und ein paar Sachen gegrillt. Und dann haben wir eine Nachtwanderung gemacht. Frau Ratekötter passt immer auf, dass die Jungen nicht in unsere Zimmer kommen. Morgen Nachmittag dürfen wir in den Ort gehen.

4. *Sabines Brief ist durcheinander geraten. Welche Dinge müsste sie trennen?*

5. *Welche Angaben könnten die Eltern vielleicht genauer interessieren? Setze die Beispiele fort.*

Es ist ein großes Haus: etwa halb so groß wie unsere Schule. Es besteht aus Erdgeschoss und einer Etage. Oben liegen die Wohnräume, unten befinden sich der Speiseraum und die Gruppenräume.

6. *Beschreibe deine Schule.*

Das hast du gelernt:
Überlege dir eine Reihenfolge beim Beschreiben (vom Wichtigen zum weniger Wichtigen). Bedenke, dass der Leser sich nicht auskennt. Springe nicht zwischen Beschreibung und Aktivitäten!

Zum genauen Beschreiben ist es hilfreich die richtigen Begriffe (evt. Fachbegriffe) zu benutzen. Damit kann man sich unnötige, lange Beschreibungen ersparen.

7. *Schreibe die richtigen Bezeichnungen für die abgebildeten Teile auf. Finde einen Oberbegriff.*

8. *Ordne die folgenden Begriffe der Tabelle zu. Finde die entsprechenden Oberbegriffe.*

Rennrad, Anorak, Lampe, Wasserball, Trenchcoat, Modelleisenbahn, Cityrad, Mütze, Bild, Mountainbike, Schildkröte, Couch, Bausteine, Schrank, Jeans, Kreisel, Krokodil, Mofa, Esstisch, Pullover, Drehstuhl, Gameboy, Eidechse, Tandem, Quietscheente, Teddy, Tourenrad, Schlange, T-Shirt, Teppich, Hemd, Roller

Lösungen zu S. 74:

7. Kaffeemaschine, Schneebesen, Schöpfkelle, Messbecher, Mixer, Kochtopf
   Oberbegriff: Küchengeräte
8. Bekleidung: Anorak, Trenchcoat, Mütze, Jeans, Pullover, T-Shirt, Hemd
   Spielzeug: Wasserball, Modelleisenbahn, Bausteine, Kreisel, Gameboy, Quietscheente, Teddy
   Zweiräder: Rennrad, Cityrad, Mountainbike, Mofa, Tandem, Tourenrad, Roller
   Reptilien: Schildkröte, Krokodil, Eidechse, Schlange
   Wohnungseinrichtung: Lampe, Bild, Couch, Schrank, Esstisch, Drehstuhl, Teppich

Lösungen zu S. 75:

9. Zug → Z. B. Regionalzug, ICE, Güterzug, Triebwagen, Vorortszug, S-Bahn, U-Bahn
10. Der hintere Wortteil ist das Bestimmungswort und bezeichnet den Oberbegriff. Der vordere Wortteil ist das Grundwort und bezeichnet das unterscheidende Merkmal.
11. Haustür, Schrankwand, Bürostuhl, Wintermantel, Fußball, ...

Am Beispiel Schiffe kannst du sehen, wie man Begriffe immer weiter zusammenfassen kann:

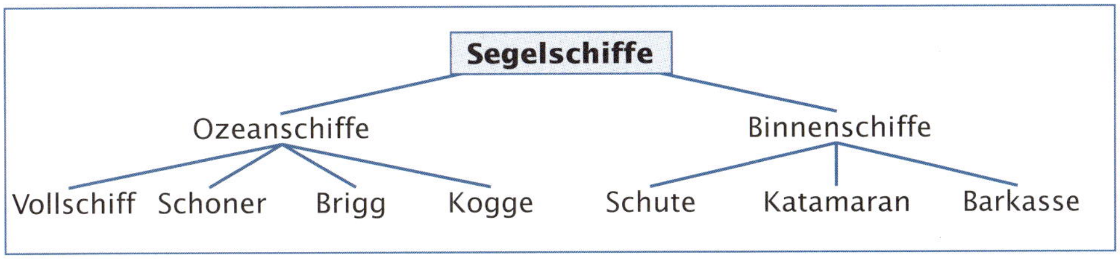

9. *Erstelle eine solche Übersicht zum Begriff Zug.*

In unserer Sprache gibt es oft Zusammensetzungen aus einem **Grundwort** und einem **Bestimmungswort,** z. B. *Türschloss, Rennrad.*

10. *Welcher Teil der Zusammensetzung ist der Oberbegriff, welcher Teil nennt das unterscheidende Merkmal?*

11. *Finde weitere Beispiele.*

Das hast du gelernt:
Wörter, die zusammengehörende Begriffe bezeichnen, nennen wir ***Oberbegriffe.*** *Beim Beschreiben sind sie nützlich, weil sie Merkmale und Eigenschaften zusammenfassen. Wenn man also etwas knapp und genau erklären will, muss man den entsprechenden Oberbegriff suchen und die* ***unterscheidenden Merkmale*** *hinzufügen.*

Beispiel: Ein Rennrad ist ein Fahrrad *(Oberbegriff)*, das man zum Rennen *(unterscheidendes Merkmal)* benutzt.

Je mehr unterscheidende Merkmale genannt werden, umso genauer wird die Beschreibung.

12. *Bei Wege- und Ortsbeschreibungen helfen ebenfalls genaue Begriffe, die man nicht näher erklären muss. Ergänze die Beispiele.*

Straßen: Einbahnstraße, Vorfahrtstraße, Sackgasse, Allee

Häuser: Fabrik, Hochhaus, Einfamilienhaus, Kiosk

Bauweise: Fachwerkbau, Stahlbetonbau,

Landschaftsformen/Plätze: Park, Spielplatz, Kreisel, Graben

Lösungen zu S. 76:

12. Straßen: Autobahn, Umgehungsstraße, Ringstraße, Spielstraße
Häuser: Bungalow, Mehrfamilienhaus, Bürohaus, Krankenhaus, Gasthof, Hotel
Bauweise: Fertigbau, Holzhaus, Wintergarten
Landschaftsformen: Anhöhe, Blumenwiese, Schonung, Baumschule, Marktplatz, Tunnel, Unterführung

Lösungen zu S. 77:

13. äußere Form → gerade, spitz, abgeschrägt, gekrümmt, platt gedrückt, rund, verbogen, geschwungen, schlank, länglich, gewölbt
Material → hölzern, samtig, steinig, flüssig, feucht, ledern, blechern, wattiert
14. z. B.: vielseitig, unterhaltsam, lebensrettend, preiswert

13. *Bei der Beschreibung eines Gegenstandes helfen die richtigen Adjektive. Schreibe aus der folgenden Zusammenstellung die Adjektive heraus, die sich auf die äußere Form und auf das Material beziehen.*

gerade, hölzern, samtig, spitz, stumm, steinig, vorlaut, abgeschrägt, böse, flüssig, feucht, fleißig, gekrümmt, platt gedrückt, rund, verbogen, lustig, geschwungen, ledern, freundlich, schattig, elegant, schlank, länglich, gewölbt, blechern, wattiert

äußere Form:

Material:

14. *Welche Adjektive fallen dir zu deinem Handy ein?*

z. B. handlich, praktisch,

Das hast du gelernt:
Die Darstellung von Dingen, Orten, Lebewesen und Vorgängen in präziser und sachlicher Sprache nennt man ***Beschreibung.*** *Sie steht stets im Präsens. Die richtige Verbindung von Detailbeobachtungen (unterscheidende Merkmale) schafft ein Gesamtbild, das sich der Leser vorstellen kann. Eine sinnlose Genauigkeit stört den Gesamteindruck. Wichtig ist ein Vorgehen vom Allgemeinen zum Besonderen.*

ÜBEN & PRÜFEN

Das Wichtigste in unserer Stadt
Der Dom?
Das Rathaus, Schule, Kinderbücherei?
Der Bahnhof?
Präsidium der Polizei?

Der Zoo?

Das sowieso.

Die Sparkasse, das Krankenhaus?
Der Marktplatz und das Stadion?

Ja schon.

Das Wichtigste indessen
hätten wir beinahe vergessen
Karussell und Wurstelprater?

Nee: das Kasperletheater!

1. *Wer fragt – wer antwortet?*

2. *Welche Einrichtungen hältst du in deiner Stadt für die wichtigsten?*

Lösungen zu S. 78:

1. Ein Fremder fragt, ein Kind antwortet.

Lösungen zu S. 79:

4. Olaf kann ungestört sein, wenn er will.
5. Er macht sich Gedanken, kann abschalten, seinen Ärger verarbeiten, lesen, Musik hören.
6. Z. B.: Links vom Eingang befindet sich eine kleine Bank, auf der ich sitze und lese. Davor steht ein kleines Tischchen, auf dem ich eine Kerze stehen habe. Manchmal sitze ich dort oben, wenn es bereits dämmert. Dann ist das Kerzenlicht sehr romantisch. An der rechten Seite habe ich ein kleines Regal an der Wand hängen. Dort liegen meine Lieblingsbücher und ich habe auch eine bescheidene Musikanlage dort stehen. Den Stromanschluss dazu hat mein Vater gelegt. Gegenüber dem Eingang befindet sich ein Fenster mit Gardinen, die meine Mutter genäht hat.

3. *Beschreibe eine davon genauer.*

Ein besonderer Platz für Olaf
Am liebsten sitze ich in meinem Baumhaus. Mit meinem Vater habe ich es zusammen in der Eiche hinter unserem Haus gebaut. Den Bretterboden haben wir etwa 3 Meter über dem Boden in einer Astgabel befestigt. Die Fläche beträgt etwa 2 x 2 Meter, die Seitenwände sind schätzungsweise 1,80 m hoch. An zwei Seiten sitzen Fenster. Nach oben kommt man zunächst mit einer Leiter, den Rest muss man über Äste klettern. Wenn ich ungestört sein will, kann ich die Leiter hochziehen – das finde ich am besten. ...

4. *Warum ist Olaf gern an diesem Platz?*

5. *Was macht er dort?*

6. *Ergänze die Beschreibung.*

7. *Beschreibe deinen Lieblingsplatz.*

KAPITEL 6

Lösungen zu S. 80:

1. – in Gestaltung und Aufmachung: Der erste ist ein Zeitungsartikel mit einer dick gedruckten Überschrift, verschiedene Absätze, der 1. Teil ist ebenfalls dick gedruckt.
   Der zweite ist ein Zettel, auf dem Max erzählt, was er erlebt hat, er enthält keine Überschrift.
   – im Inhalt:
   Zeitungsartikel: Die Empörung von Eltern, Schülern und Lehrern wird hervorgehoben. Die Gefahr für die Schülergruppe, die Anzeige und das falsche Verhalten des Mannes sind wichtig. Fachbegriffe werden benutzt. (Orientierungslaufen)
   Es werden genaue Angaben mit Ortsbezeichnungen gegeben.
   Zettel von Max: das Erlebnis im Sportunterricht ist wichtig, es ist nicht ganz klar, was sie erschreckt hat, der Mann mit den Hunden wird erst am Schluss erwähnt

Lösungen zu S. 81:

2. Wer?
   Wann?
   Wo?
   Was?
   Wie?
3. Dann kam ein Mann, vermutlich ein Jagdpächter ...
   ..., soll er noch seine beiden Schäferhunde hinter ihnen hergehetzt haben.
4. vermutlich, er soll
5. Lösung siehe S. 92

BERICHTE VERGLEICHEN

Jagdpächter hetzt zwei Schäferhunde auf Schülergruppe

Althof (hs) **Empörung unter Lehrern und Eltern hat ein Vorfall ausgelöst, der sich gestern Vormitttag in der Nähe des Felsberges zugetragen hat:**
Schüler der Realschule hatten im Rahmen ihres Sportunterrichtes die Aufgabe, bestimmte Punkte anzulaufen und dort befindliche Buchstaben zu sammeln. An diesem Orientierungslaufen waren auch Lehrkräfte beteiligt.
Als eine Gruppe von Jungen dann eine gesuchte Brücke über den Drenkebach auf freiem Feld zwischen dem Felsberg und Althof entdeckte, wurden sie plötzlich durch Schüsse erschreckt.
Dann kam ein Mann, vermutlich ein Jagdpächter in Begleitung von zwei Schäferhunden auf die Jungen zu und verlangte von ihnen, die Gegend sofort zu verlassen, weil er hier jagen wolle. Obwohl die Schüler seiner Aufforderung nachgekommen sind, soll er noch seine beiden Schäferhunde hinter ihnen hergehetzt haben.
Die Schulleitung hat den Jagdpächter inzwischen angezeigt.

Max, ein beteiligter Schüler, schreibt einen Zettel für seine Schulleiterin:

Gestern ist mir etwas Tolles im Sportunterricht passiert. Wir sollten nach einer Karte bestimmte Punkte anlaufen und dort befestigte Buchstaben abschreiben und dann zu einem Lösungswort zusammensetzen. Als wir den Felsberg verlassen hatten, sahen wir in der Nähe von Althof eine Brücke, die auf unserer Karte eingezeichnet war (Punkt 6). Wir also hin. Plötzlich, als wir ganz in der Nähe waren, knallte es. Schüsse?! Wir blieben stehen, denn wir waren ganz erschrocken. Urplötzlich tauchte ein Mann auf, der zwei Schäferhunde bei sich hatte, und schrie los: „Haut ab, ihr habt hier nichts zu suchen, verschwindet von hier!“ Die ganze Zeit liefen die Hunde um uns herum. Wir drehten uns schnell um und liefen den Weg zurück, wo uns die nächste Gruppe schon entgegenkam.

1. *Worin unterscheiden sich die beiden Texte?*

– in Gestaltung und Aufmachung:

– im Inhalt:

2. *Erinnere dich daran, welche W-Fragen in einem Bericht beantwortet werden müssen.*

W

W

W

W

W

3. *Der Reporter der Zeitung macht an zwei Stellen in seinem Bericht deutlich, dass er nicht sicher ist, ob seine Informationen ganz richtig sind. Unterstreiche die beiden Stellen.*

4. *Welche Wörter benutzt er dafür?*

5. *Formuliere die „Erzählung" von Max mithilfe des Zeitungsberichtes in einen persönlichen Bericht um. Denke daran, aus welchen vier Teilen ein Bericht bestehen sollte.*

TIPP:

In einem kurzen Bericht musst du folgende W-Fragen beantworten:

- *Wer war beteiligt?*
- *Wann passierte es?*
- *Wo passierte es?*
- *Was geschah?*

Dies geschieht in den ersten zwei oder drei Sätzen, die einen Überblick geben.

In einem ausführlicheren Teil werden die Einzelheiten des Vorfalls dargestellt und die fünfte W-Frage beantwortet:

- *Wie geschah es?*

Vergiss nicht die Überschrift (Wer berichtet wem?).

Gib in einem vierten Teil an, wer bei Rückfragen Antwort geben kann.

Wichtig: *Vermutungen oder Annahmen haben in deinem persönlichen Bericht nichts zu suchen. Du darfst nur das aufschreiben, was du wirklich gesehen hast.*

6. *Aus welchen Teilen ist der Zeitungsbericht auf Seite 80 aufgebaut?*

a) Ü

b)

c)

Am übernächsten Tag stand folgender Artikel im Kurier:

„Hunde waren immer in Rufweite“

(ge) Gegen die Darstellung der Schüler der Realschule, ein Jäger habe zwei Schäferhunde auf sie gehetzt, hat sich gestern der 36-jährige Werner Worotzeck gewandt.
Gegenüber dem Kurier erklärte er, er habe sich mit seinen beiden 16 Monate alten Schäferhunden Isis und Inga dort aufgehalten, um mit ihnen für die Schäferhundprüfung zu üben. Die Schüsse, die die Schüler gehört hätten, seien Platzpatronen gewesen, die er abgefeuert habe, um die Hunde an den Knall zu gewöhnen.
Im Gegensatz zu den Schülern habe er die Erlaubnis von den Landwirten, die Felder zu betreten. Er habe lediglich den Kindern zugerufen: „Macht, dass ihr hier verschwindet, ihr habt hier nichts zu suchen!“ Ferner sagte der Mann: „Meine beiden frei laufenden Hunde sind immer in Rufweite gewesen. Da sie erst sechzehn Monate alt sind, sind sie völlig ungefährlich.“

7. *Ein solcher Zeitungsartikel hat einen bestimmten Namen, der im 1. Satz des Berichtes angedeutet wird.*

8. *Vergleiche die Informationen mit dem Zeitungsartikel. Was stellst du fest?*

Lösungen zu S. 82:

6. a) Überschrift – groß und dick gedruckt
   b) 1. Absatz – ebenfalls dick gedruckt
   c) 3 weitere Absätze
7. Gegendarstellung
8. Der Mann versucht die Situation zu erklären und sie als ungefährlich darzustellen. Er spielt den Vorfall herunter. Es wird seine Sicht der Dinge geschildert.

Lösungen zu S. 83:

9. Lösung siehe S. 92
10. Warum der Kostringer von der Fahrbahn abgekommen war, kann nicht beantwortet werden.

Kleinwagen rast gegen Baum

Schwerer Verkehrsunfall bei Kostringen
Junger Mann schwebt in Lebensgefahr

Kostringen (üd) Ein 18-Jähriger aus Kostringen ist gestern Morgen bei einem Verkehrsunfall schwer verletzt worden. Er war mit seinem Auto auf der Landstaße 778 zwischen Kostringen und Moortum gegen einen Baum geprallt. Der junge Mann schwebt in Lebensgefahr.

Es passierte gegen 8.10 Uhr. Der Kostringer hatte gerade die Ortschaft Kostringen hinter sich gelassen und fuhr in Richtung Moortum. Kaum 300 Meter vom Ortsrand entfernt verlor er offensichtlich die Kontrolle über seinen Kleinwagen. Auf gerader Strecke geriet er ins Schleudern, raste über die Gegenfahrbahn und krachte mit der rechten Seite gegen einen Baum. Das Auto wurde durch die Wucht des Aufpralls herumgerissen und blieb im Straßengraben liegen.

Der junge Mann war im Fahrzeugwrack eingeklemmt. Mehrere Feuerwehrleute bemühten sich das Unfallopfer aus den Trümmern zu befreien. Nach gut 30 Minuten hatten sie den Schwerverletzten geborgen. Er wurde mit dem Rettungshubschrauber ins Marien-Krankenhaus in Holderndorf geflogen.

Warum der Kostringer von der Fahrbahn abgekommen war, ist für die Polizei derzeit noch ein Rätsel. Die Straße ist schnurgerade und war gestern Morgen trocken. Es gibt keine Unfallzeugen. „Wir können uns nicht erklären, warum das passiert ist“, sagte ein Sprecher der Polizeistelle in Holderndorf.

Während der Bergungsarbeiten wurde die Landstraße für drei Stunden voll gesperrt.

9. *Unterstreiche im Zeitungsbericht die Antworten auf die W-Fragen.*

10. *Welche weitere Frage kann nicht beantwortet werden?*

Auch im Unfallbericht von Seite 83 wird deutlich, dass sich ein Zeitungsbericht von einem persönlichen Bericht unterscheidet:

Zeitungsbericht	**persönlicher Bericht**
Überschrift, die Aufmerksamkeit erzeugen soll (Schlagzeile/Titel)	Überschrift (Wer berichtet wem?)
Untertitel, häufig wird die Schlagzeile um weitere Informationen erweitert	
1. Teil – Kern des Berichts, oft dicker gedruckt	Erster, zweiter Satz als Überblick (Wer hat wann wo was erlebt, gesehen?)
Weitere Absätze mit mehreren Einzelheiten, in denen der Ablauf des Geschehens deutlich wird.	3.Teil beantwortet die Wie-Frage in der richtigen zeitlichen und logischen Reihenfolge
Am Anfang oder am Ende steht das Kürzel des Reporters für Rückfragen.	Im 4. Teil wird ein Ansprechpartner genannt.
Vermutungen werden geäußert. Wörtliche Rede wird eingesetzt, um bestimmte Textstellen zu unterstützen.	Tatsachen werden berichtet. Vermutungen weggelassen, wörtliche Rede wird möglichst nicht benutzt.

Das hast du gelernt:

Berichte sind sachlich genau, die zeitliche und logische Reihenfolge ist entscheidend.
*Beim Verfassen eines **persönlichen Berichtes** musst du Folgendes beachten:*
In einem Bericht müssen die W-Fragen beantwortet werden: Wann (Datum, Zeit)? / Wo (Ort)? / Wer ist beteiligt? / Was ist passiert? / Wie ist es passiert?

Im Einleitungssatz/in den Einleitungssätzen solltest du die ersten vier Fragen im Überblick beantworten. Im zweiten Teil die Einzelheiten aufschreiben (Wie-Frage).
*In einem **Zeitungsbericht** kommt es auf die Überschrift (Schlagzeile) an. Der Leser muss neugierig gemacht werden auf den Text. Der Kern des Berichtes mit der Hauptaussage steht am Anfang, die wichtigen weiteren Informationen werden dann dargestellt.*

Lösungen zu S. 85:

1. Lösung siehe S. 93

Der Diebstahl in der Cafeteria

Ich hatte heute in der 2. großen Pause Ordnungsdienst auf dem Schulhof. Dabei muss man mit einer Zange alle möglichen Papierreste, Strohhalme und was noch so rumliegt, in einen Eimer sammeln. Auf einmal sah ich zwei Schülerinnen aus unserer Schule. Ich glaube, sie sind aus der zehnten Klasse. Sie gingen zu unserer Cafeteria im Keller. Dort werden in der Pause immer Waffeln, Brötchen, Getränke, Schokolade oder Müsliriegel verkauft. Durch das große Fenster konnte ich sehen, wie eine der beiden Herrn Beirunger am Arm zog. Herr Beirunger ist unser Sozialpädagoge. Sie zeigte in eine Richtung und Herr Beirunger folgte ihr. Im selben Augenblick griff die andere in die Kasse. Die Kasse steht unter dem Tresen. Blitzschnell schob sie ihre Hand unter die Jacke. Die Jacke ist grün mit einem orangenen Schalkragen. Die Jacke kennt jeder in der Schule. Sie ist sehr auffällig. Dann gingen die beiden Mädchen in die andere Richtung. Sie taten so, als ob nichts gewesen wäre. Ich ließ meinen Eimer im Eingang zum Keller stehen und suchte Herrn Beirunger. Ich fand ihn beim Hausmeisterraum. Er sprach mit Herrn Kobbe, unserem Hausmeister. Ich erzählte ihm, was ich gesehen hatte. Sofort eilte Herr Beirunger nach unten. Er guckte in seine Kasse und schloss sie jetzt ab. Er sagte: „Das eine Mädchen hat mir gesagt, ich solle dringend zum Hausmeister kommen. Es wäre wichtig. Es fehlen ungefähr 25 € in der Kasse.“ Herr Beirunger lief schnell hinter den beiden her. Das kann er. Er leitet unsere Lauf-AG. Er brachte die beiden dann zu unserer Rektorin. Sie heißt Frau Moddig. Dies konnte ich sehen, als ich meinen Eimer wieder genommen hatte und meinen Ordnungsdienst weitermachte. Gerade als es klingelte, sah ich noch, wie die Polizei in die Schule kam.

Manja

1. *Unterstreiche im Text alle Stellen, die für einen Bericht wichtig sind.*

2. *Was fällt dir an diesem Teil des Berichtes auf?*

... Im selben Augenblick griff die andere in die Kasse. Die Kasse steht unter dem Tresen. Blitzschnell schob sie ihre Hand unter die Jacke. Die Jacke ist grün mit einem orangenen Schalkragen. Die Jacke kennt jeder in der Schule. Sie ist sehr auffällig ...

Okidoki hat die Sätze so verbessert:

Die zweite griff in die Kasse, die unter dem Tresen steht. Sie schob ihre Hand unter ihre grüne Jacke mit dem orangen Schalkragen. Diese Jacke ist so auffällig, dass jeder in der Schule sie kennt.

3. *Was hat OKiDOKi hier gemacht?*

4. *Suche weitere Stellen im Text von Manja, die man für einen Bericht verbessern müsste. Schreibe mindestens einen Teil um.*

TIPP:

Sätze in Berichten müssen klar und deutlich sein.
Manchmal ist es aber notwendig, dass Informationen aus mehreren Sätzen in einem längeren Satz zusammengeführt werden, weil die nicht verbundene Aneinanderreihung von kurzen Sätzen (Hauptsätzen) schnell langweilig wirkt und dadurch Informationen wiederholt werden.

5. *Verbessere den Bericht von Manja. Schreibe einen Zeugenbericht für die Polizei.*

Lösungen zu S. 86:

2. viele kurze Sätze, Wörter werden wiederholt
3. Er hat Sätze verbunden und zusammengefasst.
4. Herrn Beirunger – Herr Beirunger ist unser Sozialpädagoge. – Ich fand ihn beim Hausmeisterraum. Er sprach mit Herrn Kobbe, unserem Hausmeister. – ... zu unserer Rektorin. Sie heißt Frau Moddig. (Lösung siehe auch S. 94)
5. Lösung siehe S. 94

Lösungen zu S. 87:

1. Jeder hat sich so zu verhalten, dass er keinen anderen schädigt. – Wenn es klingelt, müssen alle auf ihrem Platz sitzen. – Die Schwimmhalle darf nicht betreten werden, während der Lehrer sich noch umzieht. – Die Stunde ist nicht beendet, bevor der Lehrer nicht den Unterricht schließt. – Nachdem die Lehrerin das Zeichen gegeben hat, dürfen alle ins Wasser. – Als wir in das neue Schulgebäude umgezogen sind, gab es eine neue Schulordnung. – Kein Schüler darf Wasserbomben aus dem Fenster werfen, weil das gefährlich ist. – Der Schüler entfernte sich vom Schulgelände, obwohl er wusste, dass das nicht erlaubt ist.
2. Lösung siehe S. 94

1. *Verbinde folgende Sätze mit den passenden Wörtern (Konjunktionen = Bindewörtern). Denke daran, dass du das Komma richtig setzt (zwischen Haupt- und Nebensatz).*

dass / als / nachdem / während / bevor / wenn / weil / obwohl / ~~bis~~

Der Lehrer wartet, bis alle Schüler in der Turnhalle sind. – Jeder hat sich so zu verhalten ______ er keinen anderen schädigt. – ______ es klingelt müssen alle auf ihrem Platz sitzen. – Die Schwimmhalle darf nicht betreten werden ______ der Lehrer sich noch umzieht. – Die Stunde ist nicht beendet ______ der Lehrer nicht den Unterricht schließt. – ______ die Lehrerin das Zeichen gegeben hat dürfen alle ins Wasser. – ______ wir in das neue Schulgebäude umgezogen sind gab es eine neue Schulordnung. – Kein Schüler darf Wasserbomben aus dem Fenster werfen ______ das gefährlich ist. – Der Schüler entfernte sich vom Schulgelände ______ er wusste, dass das nicht erlaubt ist.

2. *Was ist hier falsch? Verbessere die Sätze.*

A) Drei von zwei Autos haben Mängel.

B) Die Industrie schlug den 38-Stunden-Tag vor.

C) Sein Blick fiel auf einen See, auf dem etwas Dunkles trieb, und fischte schließlich den Toten heraus.

D) Mit schmatzenden Augen betrachtete er diese wunderschönen Bilder.

E) Daniel K. in einem Interview: „Mich hat es voll erwischt, Lena soll mal die Frau meiner Kinder werden."

Eine dumme Geschichte:
Rafael steht vor dem Krankenhaus und denkt:
„Jetzt stehe ich schon zehn Minuten hier, ich will gar nicht rauf in ihr Zimmer. Aber mein Vater hat darauf bestanden. Station 12 a, Zimmer 68, er hat hier angerufen. Gestern ist Bettina operiert worden, sie muss noch drei Tage hier bleiben. Dabei habe ich gar keine Schuld. Wenn sie mich nicht so geärgert hätte, wäre nichts passiert. Aber sie kann es ja nicht lassen. Erst hatten wir Sport und ich habe beim Fußball eine Riesenchance versiebt. ‚Verlierer!', hat sie zu mir gesagt beim Rausgehen. ‚Kannst du dies Ding nicht reinmachen?' Unsere Mannschaft hatte 1 : 0 verloren.
‚Du triffst noch nicht mal den Ball, du Klops!', habe ich gerufen, denn Bettina ist ganz schön bepackt. Das hat sie geärgert. In der Mathestunde wurde ich an die Tafel gerufen, ich hatte keine Ahnung, worum es ging. Bettina, die ganz vorn sitzt, hat mir aber nicht geholfen, obwohl sie die Aufgabe konnte. Ich war richtig sauer. In der großen Pause wollte ich wieder auf der Kante unseres Hochbeetes balancieren, aber Bettina und zwei weitere Mädchen aus unserer Klasse, Lena und Julia, haben dort gesessen. ‚Geht doch weg,' haben Anil und ich gesagt. Aber die haben sich nicht gerührt. Da habe ich Bettina am Ranzen weggezogen, sie hat sich gewehrt und die Füße gegen mich gestemmt. Ich habe sie an der Hand gerissen, sie hat versucht sich loszureißen – und dabei muss es passiert sein. Plötzlich hat sie laut geschrien und ihr kleiner Finger stand ganz komisch von der Hand ab. Kapselverletzung, kleines Stück Knochen abgesplittert, verrenkt – so hat unser Klassenlehrer gesagt. Ich soll sie besuchen, ist schon richtig so, aber ich weiß nicht, was ich sagen soll. Hätte ich bloß Anil mitgenommen!"

3. *Schreibe aus diesen Gedanken einen Bericht an den Schulleiter. Die fehlenden Angaben musst du ergänzen.*

Lösungen zu S. 88:

3. Lösung siehe S. 94

Seite 8, Nr. 4

1. Juliane rief: „Halt, der Mann stiehlt gerade die Handtasche der Frau!" Dabei zeigte sie auf den kleineren Mann.

2. Der Dieb drehte sich um, schaute und tat ganz harmlos, ging dann aber schneller weiter.

3. Das Paar guckte hoch, die Frau sah auf ihren leeren Arm, an dem die Handtasche fehlte und schrie los: „Meine Handtasche ist weg!"

4. Die anderen Passagiere wurden aufmerksam und fingen an, sich dem kleineren Mann in den Weg zu stellen.

5. Juliane rannte auch los und rief: „Er hat sie unter seinem Anzug, ich hab es genau gesehen!"

Seite 14, Nr. 9

Ungefähr um zwölf Uhr mittags brachte ein Knecht das Essen herein. Es bestand lediglich aus einem Fleischgericht. Die Schüssel mochte einen Durchmesser von acht Metern haben. Als sich die gesamte Familie des Bauern um den etwa zehn Meter hohen Tisch gesetzt hatte, stellte mich der Bauer in einiger Entfernung von sich auf die Tafel. Ich zitterte vor Furcht an allen Gliedern und hielt mich möglichst weit von der Tischkante entfernt, um nicht hinunterzufallen. (...)
Die Bauersfrau schickte eine Magd nach einem kleinen Likörglas, das ungefähr acht Liter fassen mochte, und füllte es mit einem gelblichen Getränk. Mit einiger Schwierigkeit gelang es mir, daraus zu trinken. Für meinen Trinkspruch bediente ich mich der englischen Sprache, was meine Gastgeber zu einem solchen Lachen brachte, dass mir bald das Trommelfell platzte. Das Getränk schmeckte wie dünner Apfelwein und war keinesfalls unangenehm. (...)
Plötzlich hörte ich hinter mir ein Geräusch, als ob eine Strickmaschine in vollem Gange sei. Ich drehte mich um und stellte fest, dass es vom Schnurren einer Katze herrührte, die gerade auf den Schoß der Bauersfrau gesprungen war. Das Tier war dreimal größer als ein Ochse und seine Wildheit in den Augen ließ mich die Fassung vollkommen verlieren, obwohl ich 15 Meter entfernt von ihr am anderen Ende des Tisches stand. (...)
Weniger erschreckten mich die Hunde. Einer davon, eine Art Bulldogge, war viermal so groß wie ein Elefant. (...)
Nach dem Essen wurde ich in ein Zimmer gebracht, welches ungefähr 90 Meter breit und wohl 60 Meter hoch war. In ihm stand ein gut 20 Meter breites Bett, in dem ich wohl 2,50 Meter über dem Fußboden lag.
In dieser Not kamen noch zwei Ratten, ungefähr so groß wie zwei Bulldoggen, die Bettvorhänge hinaufgeklettert ...

Seite 18, Nr. 2

Ich kann euch vieles von meiner Europareise in den letzten Ferien erzählen. Mein Freund Tim und ich haben uns im letzten Sommer eine Fahrkarte gekauft, die in ganz Europa gilt, und sind mit dem Zug losgefahren. Zuerst nach Amsterdam, dann nach Paris, Madrid und an die portugiesische Küste. Dort wollten wir ein paar Tage Urlaub zum Ausruhen machen.
In einem alten Bauernhaus mieteten wir eine Wohnung, bestehend aus Wohnzimmer, Schlafzimmer und Küche. Das Schlafzimmer war ganz mit dunklem Holz ausgekleidet, an den Wänden standen drei riesige Schränke. An der vierten Wand hing ein Bild, das einen portugiesischen Seefahrer in Lebensgröße darstellte. Als wir uns dieses Bild genauer betrachteten, sagte Tim: „Die Augen leuchten, als ob sie leben."
Weil wir nach der Bahnfahrt rechtschaffen müde waren, gingen wir schon gegen 22.00 Uhr ins Bett. Wir löschten das Licht, die Dunkelheit im Zimmer war total. Zuerst horchte ich nach allen möglichen Geräuschen und meinte auch, ganz Unbekanntes und Komisches zu riechen. Bald darauf schlief ich ein.
Mitten in der Nacht wachte ich auf ...

Seite 27, Nr. 2

Wie Eulenspiegel auf dem Seil tanzte
Till war mittlerweile sechzehn Jahre alt geworden und sollte einen Beruf ergreifen. Aber er dachte nicht im Traum daran. Stattdessen lernte er auf einem Wäscheseil, das er auf dem Dachboden gespannt hatte, Seiltanzen. Wenn ihn seine Mutter dabei erwischte, so kletterte er schnell aus dem Dachfenster und setzte sich aufs Dach, bis sie sich wieder beruhigt hatte. Als Till das Seiltanzen einigermaßen konnte, spannte er das Seil über den Fluss zum Bodenfenster eines Hauses, das am anderen Ufer stand.
An beiden Ufern versammelten sich Leute und blickten in die Luft, als Till zu balancieren begann. Deshalb wurde auch Tills Mutter aufmerksam. Sie sah ihren Sohn, wie er mitten über dem Fluss auf ihrer Wäscheleine stand und Kunststückchen machte. Kurz entschlossen stieg sie zum Dachfenster ihres Hauses empor, nahm ihr Kartoffelschälmesser aus der Schürzentasche und schnitt – ritsch! – die Leine durch. Und Till, der nichts gemerkt hatte, fiel sozusagen aus allen Wolken. Er fiel in den Fluss und musste in der Saale baden. Die Kinder, die Nachbarn und alle Leute, die das mit angesehen hatten, lachten sich halb tot und ärgerten und veräppelten Till mit ihren Zurufen.

Seite 30, Nr. 1

Die unterstrichenen Sätze müssen weggelassen werden:

Zu Lüneburg wohnte ein Pfeifendreher, der sich anmaßte, käme Till nur nach Lüneburg, so wollte er den Till genauso veräppeln, wie Till das immer mit anderen Leuten mache. Als nun der kühne Mann eines Abends im „Springenden Ross" beim Biere saß, kam Eulenspiegel wirklich, und weil er eine fröhliche Gesellschaft beisammen fand, blieb er dort. Da lud ihn der Pfeifendreher, der ihn äffen wollte, zu Gaste und sprach: „Kommt morgen Mittag zu mir als mein Gast und esst mit mir, wenn ihr könnt."

Seite 55, Nr. 12

Zunächst musst du eine Schachtel mit Sand füllen. Dann musst du so viel Wasser darüber gießen, bis der Sand feucht wird. Anschließend drückst du mit der Faust eine etwa apfelgroße Mulde in den Sand. Mit Zeigefinger, Daumen, Mittelfinger (Dreieck) drückst du nun 3 Löcher in diese Mulde. Wenn das getan ist, kannst du Paraffin in einem heißen Wasserbad schmelzen und danach Buntstiftstückchen zum Färben in das heiße Wasser geben.
Jetzt gießt du das geschmolzene Wachs in die Mulde. Wenn du willst, dass die Kerze länger und besser brennt, musst du etwas Kerzenhärter zum Wachs dazugeben (185 g Stearinsäure auf 1 Pfund Paraffin). Mit einem Zahnstocher oder einem dünnen Stift musst du nun ein Loch in die Mitte der abkühlenden Masse stechen. Dann musst du einen Docht tief in das Loch stecken und etwas warmes Wasser nachgießen, damit der Docht fest eingeschlossen wird. Wenn das Wasser kalt ist, kannst du die fertige Kerze aus dem Sand herausnehmen.

Seite 63, Nr. 1

Der Trick mit der Leitkarte
~~Das ist dir bestimmt auch schon einmal passiert:~~ Du musstest eine Karte ziehen (und nur du durftest sie sehen), legtest sie zurück auf den Kartenstapel, es wurde abgehoben und gemischt und trotzdem konnte der „Zauberer" sagen, welche Karte es gewesen war. ~~Dabei ist die Lösung ganz einfach.~~ Die Leitkarte ist eine nur dir bekannte Karte des Spiels, in deren unmittelbare Nähe die vom Zuschauer gezogene Karte gebracht werden muss. ~~Klingt schwierig, ist aber ganz einfach.~~ Die Leitkarte ist die unterste Karte im Spiel, die man leicht unbemerkt einsehen kann. Nachdem der Zuschauer seine Karte gezogen und angesehen hat, legt er sie oben auf das Spiel. (Die gezogene, unbekannte Karte ist also die von oben gesehen erste, die dir bekannte Leitkarte die letzte.) ~~Wie kommt nun die letzte auf die erste? Ganz einfach:~~ durch Abheben.
Der Zuschauer hebt einen beliebigen Teil der Karten ab und legt den unteren Rest auf den abgehobenen Teil. Das ist in der Regel so üblich. Dadurch wurde die Leitkarte auf die unbekannte, gezogene Karte gelegt und beide befinden sich nun irgendwo im Spiel. Selbst beim Mischen ist die Gefahr gering, dass sie getrennt werden. Wenn du nun die Karten auffächerst und die Leitkarte gefunden hast, weißt du, dass die Karte unmittelbar davor die gesuchte ist. Das Erscheinen der Karte solltest du aber etwas „geheimnisvoll" hinauszögern, ~~damit die Spannung und Verblüffung größer sind. Du wirst sehen, man wird dich als großen Künstler verehren.~~

Seite 63, Nr. 2

Es geht darum, dass du (der „Magier") eine dir unbekannte Karte aus einem Kartenstapel herausfindest.
Du musst dir eine Leitkarte merken (die nur dir bekannt ist) und in deren Nähe die vom Zuschauer gezogene Karte gebracht werden muss.
Die Leitkarte ist die unterste Karte im Spielstapel, die du leicht unbemerkt einsehen kannst.
Nachdem der Zuschauer seine Karte gezogen und angesehen hat, legt er sie oben auf das Spiel.

Die gezogene, dir unbekannte Karte ist also die von oben gesehen erste, die dir bekannte Leitkarte die letzte im Stapel.
Der Zuschauer hebt nun einen beliebigen Teil der Karten ab und legt den unteren Rest auf den abgehobenen Teil. (Das ist in der Regel so üblich.)
Dadurch wurde die Leitkarte auf die unbekannte gezogene Karte gelegt und beide befinden sich nun beieinander irgendwo im Spiel.
Selbst beim Mischen ist die Gefahr gering, dass sie getrennt werden.
Wenn du nun die Karten auffächerst und die Leitkarte gefunden hast, weißt du, dass die Karte unmittelbar davor die gesuchte ist.

Seite 72, Nr. 1

Wenn man hereinkommt, befindet sich gleich rechts mein Kleiderschrank, in dem meine Hosen und Blusen hängen. ~~In der letzten Woche habe ich mir eine tolle Jeans von „Remix“ gekauft.~~ Dann steht daneben mein Schreibtisch mit einem Bücherbord darüber. ~~Ich lese gerade den neuen „Harry Potter“ Band. Wie findest du ihn?~~ Gegenüber der Tür ist ein großes Doppelfenster mit einer Blumenbank davor. Darauf stehen ein paar Kakteen, ~~die ich immer zu gießen vergesse.~~ Links neben dem Fenster an der Wand steht mein Bett. Am Kopfkissen liegt meine Teddybärensammlung, ~~die meine Mutter immer durcheinander bringt.~~ Links neben dem Eingang steht eine Kommode, in der mein gesamter Krimskrams liegt. Natürlich habe ich auch ein paar Bilder. Mein Zimmer liegt ganz oben unter dem Dach. Eine Wand ist schräg. Einen Teppich habe ich auch.

Seite 81, Nr. 5

Bericht von Max an seine Schulleiterin
Gestern, am 22.10.2003 gegen 11.30 Uhr wurde ich, zusammen mit meiner Gruppe, beim Orientierungslaufen in der Nähe von Althof bei der Brücke über den Drenkebach durch schussähnliche Geräusche erschreckt. Direkt danach tauchte ein Mann mit zwei frei laufenden Schäferhunden auf, der uns wegscheuchte.
Wir sollten mithilfe einer Karte im Gelände Orte und dort befindliche Buchstaben finden. Als wir vom Felsberg zur Brücke liefen, knallte es mehrmals. Sofort blieben wir stehen, weil wir erschrocken waren. Fast im gleichen Augenblick tauchte ein Mann auf, der uns anschrie, dass wir verschwinden sollten. Wir drehten um, aber die ganze Zeit rannten die Schäferhunde hinter uns her.
Dies können auch Jonathan, Manuel und Burak aus meiner Gruppe bestätigen.

Seite 83, Nr. 9

Kleinwagen rast gegen Baum
Schwerer Verkehrsunfall bei Kostringen
Junger Kostringer schwebt in Lebensgefahr
Kostringen (üd) Ein 18-Jähriger aus Kostringen ist gestern Morgen bei einem Verkehrsunfall schwer verletzt worden. Er war mit seinem Auto auf der Landstaße 778 zwischen Kostringen und Moortum gegen einen Baum geprallt. Der junge Mann schwebt in Lebensgefahr.

Es passierte gegen 8.10 Uhr. Der Kostringer hatte gerade die Ortschaft Kostringen hinter sich gelassen und fuhr in Richtung Moortum. Kaum 300 Meter vom Ortsrand entfernt verlor er offensichtlich die Kontrolle über seinen Kleinwagen. Auf gerader Strecke geriet er ins Schleudern, raste über die Gegenfahrbahn und krachte mit der rechten Seite gegen einen Baum. Das Auto wurde durch die Wucht des Aufpralls herumgerissen und blieb im Straßengraben liegen.
Der junge Mann war im Fahrzeugwrack eingeklemmt. Mehrere Feuerwehrleute bemühten sich das Unfallopfer aus den Trümmern zu befreien. Nach gut 30 Minuten hatten sie den Schwerverletzten geborgen. Er wurde mit dem Rettungshubschrauber ins Marien-Krankenhaus in Holderndorf geflogen.
Warum der Kostringer von der Fahrbahn abgekommen war, ist für die Polizei derzeit noch ein Rätsel. Die Straße ist schnurgerade und war gestern Morgen trocken. Es gibt keine Unfallzeugen. „Wir können uns nicht erklären, warum das passiert ist", sagte ein Sprecher der Polizeistelle in Holderndorf.
Während der Bergungsarbeiten wurde die Landstraße für drei Stunden voll gesperrt.

Seite 85, Nr. 1

Der Diebstahl in der Cafeteria
Ich hatte heute in der 2. großen Pause Ordnungsdienst auf dem Schulhof. Dabei muss man mit einer Zange alle möglichen Papierreste, Strohhalme und was noch so rumliegt, in einen Eimer sammeln. Auf einmal sah ich zwei Schülerinnen aus unserer Schule. Ich glaube, sie sind aus der zehnten Klasse. Sie gingen zu unserer Cafeteria im Keller. Dort werden in der Pause immer Waffeln, Brötchen, Getränke, Schokolade oder Müsliriegel verkauft. Durch das große Fenster konnte ich sehen, wie eine der beiden Herrn Beirunger am Arm zog. Herr Beirunger ist unser Sozialpädagoge. Sie zeigte in eine Richtung und Herr Beirunger folgte ihr. Im selben Augenblick griff die andere in die Kasse. Die Kasse steht unter dem Tresen. Blitzschnell schob sie ihre Hand unter die Jacke. Die Jacke ist grün mit einem orangenen Schalkragen. Die Jacke kennt jeder in der Schule. Sie ist sehr auffällig. Dann gingen die beiden Mädchen in die andere Richtung. Sie taten so, als ob nichts gewesen wäre. Ich ließ meinen Eimer im Eingang zum Keller stehen und suchte Herrn Beirunger. Ich fand ihn beim Hausmeisterraum. Er sprach mit Herrn Kobbe, unserem Hausmeister. Ich erzählte ihm, was ich gesehen hatte. Sofort eilte Herr Beirunger nach unten. Er guckte in seine Kasse und schloss sie jetzt ab. Er sagte: „Das eine Mädchen hat mir gesagt, ich solle dringend zum Hausmeister kommen. Es wäre wichtig. Es fehlen ungefähr 25 € in der Kasse." Herr Beirunger lief schnell hinter den beiden her. Das kann er. Er leitet unsere Lauf-AG. Er brachte die beiden dann zu unserer Rektorin. Sie heißt Frau Moddig. Dies konnte ich sehen, als ich meinen Eimer wieder genommen hatte und meinen Ordnungsdienst weitermachte. Gerade als es klingelte, sah ich noch, wie die Polizei in die Schule kam.
Manja

Seite 86, Nr. 4 + 5

Bericht von Manja an die Polizei
Heute in der 2. großen Pause wurde ich Zeugin eines Diebstahls in der Cafeteria unserer Schule. Dieser Diebstahl wurde von zwei Mädchen begangen. Ich hatte Ordnungsdienst auf dem Schulhof. Dabei sah ich, wie zwei Schülerinnen zu unserer Cafeteria im Keller gingen. Eine der beiden zog Herrn Beirunger, unseren Sozialpädagogen am Arm. Sie zeigte in eine Richtung und Herr Beirunger folgte ihr. Im selben Augenblick griff die andere in die Kasse, die unter dem Tresen steht. Sie schob ihre Hand unter ihre grüne Jacke mit dem orangenen Schalkragen. Die Jacke ist so auffällig, dass jeder in der Schule sie kennt. Dann gingen die beiden Mädchen in die andere Richtung. Ich suchte Herrn Beirunger und fand ihn im Gespräch mit Herrn Kobbe, unserem Hausmeister. Ich erzählte ihm, was ich gesehen hatte. Sofort eilte Herr Beirunger nach unten. Er guckte in seine Kasse, es fehlten ungefähr 25 €. Herr Beirunger lief schnell hinter ihnen her und brachte die beiden dann zu unserer Rektorin, Frau Moddig. Das konnte ich sehen, als ich meinen Ordnungsdienst weitermachte.

Seite 87, Nr. 2

A) Zwei von drei Autos haben Mängel.
B) Die Industrie schlug die 38-Stunden-Woche vor.
C) Sein Blick fiel auf einen See, auf dem etwas Dunkles trieb. Der Mann fischte schließlich den Toten heraus.
D) Mit einem interessierten Blick betrachtete er diese wunderschönen Bilder.
E) Daniel K. in einem Interview: „Mich hat es voll erwischt, Lena soll mal die Mutter meiner Kinder werden."

Seite 88, Nr. 3

Bericht an den Schulleiter:
Gestern, Montag, d. 11.12.2003 habe ich in der zweiten großen Pause Bettina Kessmohn aus meiner Klasse bei einer Rangelei auf dem Schulhof verletzt. Sie verletzte sich den kleinen Finger so sehr, dass er im Krankenhaus operiert werden musste.
Es begann bereits beim Sport, als sie mich, weil ich angeblich schuld war, dass wir das Fußballspiel verloren hatten, beleidigte. Ich antwortete ihr ebenfalls mit einem Schimpfwort.
In der Mathestunde hat Bettina mir bei einer schweren Aufgabe an der Tafel nicht geholfen, obwohl sie die Aufgabe konnte.
In der großen Pause wollte ich wieder auf der Kante unseres Hochbeetes balancieren, aber Bettina und zwei Mädchen aus unserer Klasse, Lena und Julia, haben dort gesessen. Anil und ich haben die drei gebeten wegzugehen. Aber die haben sich nicht gerührt. Da habe ich Bettina am Ranzen weggezogen, sie hat sich gewehrt und die Füße gegen mich gestemmt. Ich habe sie an der Hand gerissen, sie hat versucht sich loszureißen. Dabei muss es passiert sein, denn ihr kleiner Finger stand ganz komisch von der Hand ab. Bettina kam ins Krankenhaus.
Anil aus meiner Klasse kann den Hergang bestätigen.

Quellenverzeichnis

Seite 9:
aus: Rens, Peter Jan: Rabautzer. Weinheim/Basel: Beltz & Gelberg Edition Anrich 1996.

Seite 12:
Märchentext Koli – einem türkischen Märchen ‚Der Zwerg Veli' nachempfunden, Quelle unbekannt.

Seite 14/89:
aus: Swift, Jonathan: Gullivers Reisen. Wiesbaden: Vollmer o. J.

Seite 16:
Hermes – Quelle unbekannt

Seite 22:
aus: Hebel, Johann Peter: Aus dem Schatzkästlein eines rheinischen Hausfreundes. München: Winkler 1972.

Seiten 27/28/30/90:
aus: Bote, Heinrich: Ein kurzweilig Buch von Till Eulenspiegel. Hrsg. v. Siegfried Sichtermann. Frankfurt/M.: Insel 1978.

Seite 33:
aus: Luthers Fabeln nach seiner Handschrift und den Drucken neu bearbeitet von Ernst Thiele. Halle/Saale: Max Niemeyer 1911. S. 23 ff.

Seite 34:
aus: La Fontaine, Jean de: Die Fabeln. Gesamtausgabe. Übertragen von Rolf Mayr. Mit 39 Illustrationen von Gustav Doré. Düsseldorf/Köln: Diederichs 1964. S. 15.

Seite 35:
aus: Fabeln der Völker aus drei Jahrtausenden. Hrsg. v. Anni Carlsson. Heidelberg: Lambert Schneider 1959. o. S.

Seite 36:
aus: Uralte Weisheit. Fabeln aus aller Welt. Hrsg. v. Deutschen Sparkassen- und Giroverband e. V., Bonn 1955.

Seite 38:
aus: Zimmermann, Pedro (Hrsg.): Das Hausbuch der fabelhaften Fabeln. Zürich: Haffmans 1989. S. 62.

Seite 39 o.:
aus: Fünfzig Fabeln für Kinder von Wilhelm Hey. In Bildern gezeichnet von Otto Speckter. Hamburg: Perthes 1833.

Seite 39 u.:
aus: Alfons Schweiggert: Breitmaulfroschwitze, aus: Alfons Schweiggerts Geschichtenbuch, München: Georg Lentz 1981.

Seite 41 u.:
© 2001 Lappan Verlag, aus: Das große Heinz Erhardt Buch.

Seite 78:
aus: Denneborg, Heinrich Maria: Die Stadt der Kinder. Gedichte. hg. von: Hans-Joachim Gelberg. München 1974. S. 22.